TRAITÉ D'ISIS ET D'OSIRIS

PLUTARQUE

Traduction par
D. RICHARD

TABLE DES MATIÈRES

Avis du traducteur	1
Chapitre 1	3
Chapitre 2	9
Chapitre 3	17
Chapitre 4	24
Chapitre 5	31
Chapitre 6	36
Chapitre 7	43
Chapitre 8	49
Chapitre 9	56
Chapitre 10	63
Chapitre 11	70
Chapitre 12	76
Chapitre 13	82
Chapitre 14	88
Chapitre 15	95
Chapitre 16	103

AVIS DU TRADUCTEUR

Plutarque, dans ce traité, se propose d'expliquer la fable d'Isis et d'Osiris, deux divinités égyptiennes, et de rendre compte des opinions différentes auxquelles cette fable avait donné lieu. « Il l'a fait, dit l'abbé Batteux, avec une sorte de gravité religieuse, qui annonce non-seulement les recherches et les soins de l'auteur, mais encore son respect pour le sujet qu'il traite. » On y remarque, en effet, que Plutarque n'a rien négligé pour s'instruire de tout ce qui pouvait jeter du jour sur une matière si obscure; qu'il a consulté, tous les monuments connus de son temps ; qu'il a porté même ses recherches plus loin que l'Egypte; qu'il a puisé, dans la doctrine allégorique de plusieurs autres peuples orientaux, des objets de comparaison qui pussent donner plus de poids au sentiment qu'il avait embrassé. Il y expose l'opinion de Platon et de son école sur les deux causes opposées, qui produisent tout ce qui se fait dans l'univers, l'une principe du bien, l'autre du mal ; la première toujours occupée à établir dans le monde l'ordre et l'harmonie d'après lesquels il a été formé, et qui sont analogues à sa nature ; la seconde sans cesse appliquée à contrarier les vues de l'autre, à introduire dans l'univers les désordres physiques et moraux qui en troublent l'économie. Cette opinion, que Plutarque a établie plus d'une fois dans ses ouvrages, et dont il suit la trace à travers les traditions de presque tous les peuples, était son système favori, et il fuit tous ses efforts pour y ramener les interprétations qu'il donne des différentes parties de la fable égyptienne d'Isis et d'Osiris.

D. Richard

CHAPITRE UN

C'est un devoir pour les hommes sensés, illustre **Cléa** [1], de demander aux dieux tous les biens ; mais celui que nous devons surtout désirer d'obtenir d'eux, c'est de les connaître autant que l'homme en est capable. Le plus beau présent que Dieu puisse nous faire, c'est la connaissance de la vérité.

Dieu abandonne aux hommes tous les autres biens, qui lui sont comme étrangers, et dont il ne fait aucun usage. En effet, ce n'est pas l'or et l'argent qui rendent la Divinité heureuse ; ce n'est pas le tonnerre et la foudre qui font sa force, mais la prudence et le savoir; et rien n'est plus beau que ce que dit **Homère** en parlant de **Jupiter** et de **Neptune** :

> *Issus du plus beau sang de la race divine,*
> *Ils ont eu l'un et l'autre une même origine.*
> ***Jupiter*** *le premier, par l'âge et le savoir,*
> *Exerce dans les cieux le suprême pouvoir.*

Il donne à **Jupiter** une puissance supérieure à celle de **Neptune**, parce qu'il est le premier en sagesse et en science.

Le bonheur de la vie éternelle, qui fait le partage de Dieu, consiste, si je ne me trompe, dans la faculté qu'il a de conserver le souvenir du passé.

Qu'on sépare de l'immortalité la connaissance et le savoir, ce ne sera plus une vie, mais une longue durée de temps.

[2] La recherche de la vérité, et principalement de celle qui a pour objet de connaître les dieux, n'est autre chose que le désir de partager leur bonheur ; cette étude, et l'instruction qu'elle procure, est une sorte de ministère sacré plus auguste et plus vénérable qu'aucune consécration, et que tout le culte que nous rendons aux dieux dans les temples.

Il n'est point de divinité à laquelle ce ministère soit plus agréable qu'à la déesse que vous servez, dont le caractère particulier est la sagesse et la science; son nom même nous fait connaître qu'il n'en est point à qui la connaissance et le savoir conviennent davantage.

Car **Isis** est un mot grec, de même que **Typhon** [2] ; celui-ci est l'ennemi de la déesse ; dans l'orgueil que lui inspirent l'erreur et l'ignorance, il dissipe, il détruit la doctrine sacrée qu'**Isis** recueille et rassemble avec soin, qu'elle communique à ceux qui, par leur persévérance dans une vie sobre, tempérante, éloignée des plaisirs des sens, des voluptés et des passions, aspirent à la participation de la nature divine ; qui s'exercent assidûment dans nos temples à ces pratiques sévères, à ces abstinences rigoureuses, dont la fin est la connaissance du premier et souverain être, que l'esprit seul peut comprendre, et que la déesse nous invite à chercher en elle-même, comme dans le sanctuaire où il réside.

Le nom même du temple annonce clairement qu'on y trouve la connaissance et l'intelligence de l'Être suprême. Il se nomme *Iséium*, nom qui désigne que nous y connaîtrons celui qui est [3], si nous en approchons avec une raison éclairée et un respect religieux. .

[3] Les uns disent qu'**Isis** est fille de **Mercure** ; d'autres, de **Prométhée** [4]. Celui-ci est regardé comme l'auteur de la sagesse et de la prévoyance ; **Mercure** passe pour l'inventeur de la grammaire et de la musique.

Aussi, à **Hermopolis** [5], donne-t-on à la première des Muses les noms d'**Isis** et de **Justice**, parce que cette déesse, comme je viens de le dire, est la sagesse même, et qu'elle découvre les vérités divines à ceux qui sont véritablement et avec justice des *hiérophores* et des *hiérostoles*.

Les premiers sont ceux qui portent dans leur âme, comme dans une corbeille [6], la doctrine sacrée qui concerne les dieux, purifiée de ces opinions étrangères dont la superstition l'a souillée ; les autres couvrent les statues des dieux de robes en partie noires et obscures, en partie claires et brillantes ; ce qui nous fait entendre que la connaissance que cette doctrine nous donne des dieux est entremêlée de lumières et de ténèbres.

Telle est l'allégorie que renferment ces vêtements sacrés, et l'on en revêt les prêtres d'**Isis** après leur mort, pour montrer qu'ils conservent encore la connaissance de la vérité, et que c'est la seule chose qu'ils emportent avec eux dans l'autre vie.

[4] En effet, **Cléa**, comme ce n'est ni la barbe ni le

manteau qui font les vrais philosophes, ce n'est pas non plus une robe de lin, ni l'usage de se raser, qui font les prêtres d'**Isis**. Un véritable *isiaque* est celui qui, après s'être instruit avec exactitude des faits que l'on raconte de ces divinités, les soumet à l'examen de la raison, et cherche, en vrai philosophe, à s'assurer de leur vérité.

La plupart des hommes ignorent les raisons des choses même les plus simples, les plus communes, pourquoi, par exemple, les prêtres d'Egypte se font raser et portent des robes de lin ; les uns ne se mettent pas même en peine de le savoir ; d'autres croient que c'est par respect pour les brebis qu'ils ne font pas usage de leur toison et qu'ils s'abstiennent de manger leur chair ; qu'ils se rasent la tête en signe de deuil, et qu'ils portent des robes de lin parce-que la fleur de cette plante est d'une couleur semblable à celle du voile azuré qui environne le monde.

Mais ces différentes pratiques ont toutes un même motif. Celui qui est impur, dit **Platon**, ne doit pas s'approcher de l'être essentiellement pur.

Or, le superflu des aliments, et en général toute sécrétion est nécessairement impure. Les laines, les poils, les cheveux et les ongles sont les produits des sécrétions. Il serait donc ridicule que les prêtres d'**Isis**, qui, dans l'exercice de leur ministère, se rasent tout le corps, employassent pour leurs vêtements la laine des brebis.

Quand **Hésiode** nous dit :

Des banquets de nos dieux ne prenez point le temps
Pour couper de vos doigts les ongles renaissants,

il nous avertit par là de prévenir les jours de fêtes, et de ne pas attendre le moment des sacrifices pour nous purifier de ces sécrétions superflues.

Le lin est une production de la terre immortelle ; il donne un fruit bon à manger, fournit un habillement propre et fin qui nous couvre sans nous charger, qui convient dans toutes les saisons, et a, dit-on, la propriété d'écarter une vermine dégoûtante.

Mais nous traiterons ailleurs de ces objets.

[5] Les prêtres ont tant d'horreur pour toutes les sécrétions, que non-seulement ils s'abstiennent des viandes qui en produisent d'abondantes, comme la chair du mouton et celle du porc, et du plus grand nombre de légumes, mais que , dans l'exercice de leur ministère, ils s'interdisent absolument le sel, et entre plusieurs autres raisons, parce qu'il excite à manger et à boire au delà du besoin.

Il serait absurde de croire avec **Aristagoras** [7] que le sel est impur, parce qu'en le cristallisant il y meurt un grand nombre de petits animaux qui s'y trouvent renfermas. On dit aussi qu'ils abreuvent le bœuf **Apis** de l'eau d'un puits particulier, et qu'ils lui interdisent absolument celle du Nil ; non qu'ils regardent, suivant l'opinion de quelques auteurs, cette eau comme impure à cause du crocodile, car il n'est rien que les Egyptiens aient autant en vénération que le Nil, mais parce que l'eau de ce fleuve passe pour engraisser et donner un embonpoint extraordinaire.

Ils ne veulent donc pas qu'**Apis** soit trop gras, comme ils évitent eux-mêmes de l'être, afin que leur âme ait pour domicile un corps léger et dispos, et que la portion de divinité qui habite en nous ne soit pas appesantie et déprimée par la substance mortelle.

1. Nous avons déjà vu dans le traité historique des Actions courageuses des femmes, qui est aussi adressé à Cléa, que c'était une femme distinguée par sa naissance et par son savoir, et nous verrons dans celui-ci qu'elle était grande-prêtresse de Bacchus à Delphes, et que, dans son enfance, ses parents l'avaient initiée aux mystères d'Isis.
2. Isis, selon cette étymologie, signifie science, el Typhon, orgueil, enflure.
3. Le Mercure des Latins, qui était l'Hermès des Grecs, portait chez les Égyptiens le nom de Thot ou Thaut, et de Teutatès chez les Celtes. Les Égyptiens en reconnaissaient trois, au moins deux.
4. C'est le nom que Dieu prend dans l'Écriture : Je suis celui qui est. (Voyez la fin du traité sur l'Inscription EI.)
5. Hermopolis, ou ville de Mercure, était de la préfecture Sébennitique dans la Basse-Egypte, près d'une des embouchures du Nil, laquelle portait le nom de Sébennitique, à cause de la ville de Sébennilt, voisine de cette embouchure. Je n'ai point vu citer ailleurs ces Muses d'Hermopolis.
6. Allusion aux corbeilles sacrées dans lesquelles on portait les offrandes pour les dieux. On sent ce qu'il faut penser de ces étymologies de noms égyptiens dérivées de la langue grecque. C'était la manie des Grecs de vouloir paraître ne de voir qu'à eux-mêmes toutes leurs connaissances. Ils ne pouvaient cependant pas se dissimuler qu'ils en avaient puisé un très grand nombre chez les Egyptiens, où leurs premiers législateurs et plusieurs de leurs philosophes avaient voyagé. Mais l'amour-propre national les aveuglait au point qu'ils croyaient même avoir porté la lumière chez les autres peuples.
7. Aristagoras avait compose une histoire d'Egypte, citée par Élienne de Byzance, et par Élien, qui dit que cet historien avait expliqué les marques qui devaient distinguer le bœuf Apis qu'on honorait à Memphis. Il avait aussi décrit les pyramides.

CHAPITRE DEUX

A Héliopolis [1], les prêtres du Soleil, durant tout le temps de leur ministère, ne portent pas même de vin dans le temple, parce qu'ils ne croient pas convenable de boire pendant le jour, tant qu'ils sont sous les yeux de leur seigneur et de leur roi. Les autres prêtres en usent, mais en très petite quantité. Dans plusieurs de leurs solennités, ils s'en privent totalement, et passent le temps que durent leurs fonctions à apprendre, à méditer, ou à enseigner les vérités divines.

Les rois eux-mêmes, au rapport d'**Hécatée** [2], n'avaient qu'une portion de vin réglée par les livres sacrés, parce qu'ils étaient associés au sacerdoce [3]. Ce ne fut même que sous le règne de **Psammétique** [4] qu'ils commencèrent d'en boire ; auparavant il leur était interdit, et ils ne l'employaient pas même dans les libations, persuadés qu'il n'est pas agréable à la Divinité, et que le sang des Titans qui combattirent autrefois contre les dieux, en se mêlant avec les sucs de la terre, avait produit les vignes.

Aussi ceux qui s'enivrent perdent-ils la raison parce

qu'ils sont remplis du sang impur de la terre. **Eudoxe**, dans le second livre de sa Géographie [5], rapporte ces faits, qu'il dit tenir des prêtres égyptiens eux-mêmes.

[7] Les Egyptiens, en général, ne s'abstiennent pas de tous les poissons de mer ; chaque tribu fait usage de certaines espèces et en rejette d'autres.

Ainsi les *oxyrinchites* ne mangent aucun de ceux qui ont été pris à l'hameçon. Comme ils adorent les oxyrinches, ils craignent que l'hameçon n'ait été souillé en prenant quelqu'un de ces poissons.

Ceux de **Syène** [6] ne touchent point au pagre [7], parce qu'ils croient que ce poisson paraît lorsque le Nil est prêt à déborder, et que sa présence annonce cette crue si désirée. Les prêtres s'abstiennent de toutes les espèces de poissons.

Le neuvième jour du premier mois, chaque Egyptien mange, devant la porte de sa maison, du poisson rôti. Les prêtres en font brûler devant leurs portes, mais ils n'y touchent pas.

On donne de cet usage deux raisons, dont l'une, religieuse et plus relevée, a rapport aux opinions philosophiques et pieuses qu'on a sur **Osiris** et sur **Typhon** : j'y reviendrai dans un autre endroit ; l'autre est commune et connue de tout le monde : c'est que le poisson n'est ni un aliment nécessaire ni un mets agréable.

Homère confirme cette opinion lorsqu'il dit que ni les *Phéaciens*, peuple délicat et voluptueux, ni ceux d'**Ithaque**, nation insulaire, ne faisaient usage de poissons, et que les compagnons d'**Ulysse**, pendant une si longue navigation sur mer, n'en mangèrent que dans le plus pressant besoin.

En un mot, ils croient que la mer a été formée par le

feu ; qu'elle est hors des bornes de la nature ; qu'elle n'est ni une partie de la terre ni un élément, mais une sécrétion étrangère, une production vicieuse et corrompue;

[8] car ils n'ont rien mêlé d'absurde dans leurs cérémonies religieuses, rien de fabuleux, rien qui prenne sa source dans la superstition, comme quelques uns le pensent. Elles ont toutes des raisons de morale ou d'utilité, ou bien elles rappellent des traits intéressants d'histoire, ou enfin elles ont rapport à quelques phénomènes de la nature.

Telle est celle qui regarde les oignons. Rien n'est plus destitué de vraisemblance que le fait qu'on donne pour cause de l'abstinence de ce légume. On raconte que **Dictys**, un des nourrissons de la déesse, en cueillant des oignons, tomba dans le fleuve, et s'y noya.

Si les prêtres ont de l'aversion pour ce végétal et s'abstiennent d'en manger, c'est qu'il ne prend jamais plus d'accroissement et de vigueur que dans le décours de la lune ; d'ailleurs il ne leur convient ni dans le temps d'abstinence et de purification, parce qu'il excite la soif, ni dans leurs jours de fêtes, parce qu'il provoque les larmes.

Ils regardent aussi le porc comme un animal impur, parce qu'il s'accouple plus ordinairement dans le décours de la lune, et que l'usage de son lait cause la lèpre et d'autres maladies cutanées.

Il est vrai qu'une seule fois l'année ils sacrifient dans la pleine lune un de ces animaux, dont ils mangent la chair. On donne pour raison de cet usage que **Typhon**, poursuivant un porc pendant la pleine lune, trouva le coffre de bois où était enfermé le corps d'**Osiris**, qu'il coupa en plusieurs morceaux, et dispersa de côté et d'autre.

Mais bien des gens rejettent cette explication, et la

croient, comme plusieurs autres, sans aucun fondement. Ils disent que les Egyptiens étaient anciennement si fort ennemis du luxe, de la délicatesse et de la sensualité, qu'ils avaient érigé à **Thèbes** [8], dans le temple d'**Isis**, une colonne sur laquelle étaient gravées des imprécations contre le roi **Ménis**, qui, le premier, leur avait fait abandonner leur manière de vivre simple, frugale et modeste.

On dit aussi que **Technatis**, père de **Bocchoris**, pendant son expédition contre les Arabes, un jour que son bagage fut retardé, mangea avec plaisir les mets les plus simples, et dormit d'un sommeil profond sur un lit de feuillage. Il embrassa dès lors une vie frugale, et en prit occasion de prononcer contre **Ménis** les imprécations qui, de l'avis des prêtres, furent gravées sur cette colonne.

[9] Les rois d'Egypte étaient pris dans l'ordre des prêtres ou dans celui des guerriers, parce que les premiers étaient estimés et honorés pour leur sagesse, et les autres pour leur valeur. Lorsque le choix tombait sur un guerrier, il était aussitôt associé au sacerdoce, et on l'instruisait dans cette philosophie secrète dont la plupart des dogmes sont enveloppés de fables et d'allégories, qui ne laissent apercevoir que comme dans un jour sombre des traces obscures de la vérité.

C'est ce qu'ils nous font eux-mêmes entendre clairement par ces *sphinx* qu'ils placent ordinairement devant leurs temples, et qui désignent que leur théologie est une science obscure et énigmatique. A **Sais** [9], on lisait sur le temple de **Minerve**, qu'on croit être la même qu'**Isis**, l'inscription suivante :

Je suis tout ce qui a été, qui est et qui sera.

> Nul mortel n'a pu lever jusqu'ici le voile qui me couvre.

On croit assez généralement qu'**Amoun**, dont les Grecs ont fait **Ammon**, était, chez les Egyptiens, le nom propre de **Jupiter**.

Manéthon [10] le *Sébennite* croit que ce mot désigne ce qui est caché, ou l'action même de cacher. **Hécatée d'Abdère** dit que les Egyptiens s'en servent pour s'appeler les uns les autres; que ce nom est de sa nature appellatif ; que ce peuple , qui croit que le premier des dieux, qu'il confond avec l'univers, est un dieu caché et inconnu, l'invoque et le prie de se découvrir à eux, en lui disant **Amoun** ;

[10] tant ce peuple portait de retenue et de réserve dans sa philosophie religieuse ! C'est ce qu'attestent unanimement les plus sages d'entre les Grecs, **Solon**, **Thalès**, **Platon**, **Eudoxe**, **Pythagore**, et, suivant quelques uns, **Lycurgue** lui-même, qui tous voyagèrent en Egypte, et y conférèrent avec les prêtres du pays.

On dit qu'**Eudoxe** fut instruit par **Conuphis** de **Memphis**, **Solon** par **Sonchis** de **Sais**, et **Pythagore** par **Enuphis** l'*Héliopolitain*. **Pythagore** surtout, plein d'admiration pour ces prêtres, à qui il avait inspiré le même sentiment, imita leur langage énigmatique et mystérieux, et enveloppa ses dogmes du voile de l'allégorie.

La plupart de ces préceptes ne différent point de ce qu'on appelle en Egypte des *hiéroglyphes*. Tels sont ceux-ci :

> Ne mangez pas dans un char.

Ne vous asseyez pas sur le boisseau.
Ne plantez point de palmier.
Ne remuez pas le feu avec l'épée dans votre maison.

Je crois aussi que les pythagoriciens, en assignant à quelques uns de leurs dieux des nombres particuliers, à **Apollon** la monade, à **Diane** la dyade, à **Minerve** le septénaire, et à **Neptune** le premier cube, ont voulu imiter ce qui se pratique ou ce qui est représenté dans les temples d'Egypte.

Les Égyptiens y désignent par *un œil et un sceptre* **Osiris**, leur seigneur et leur roi. Son nom, suivant quelques interprètes, signifie *qui a beaucoup d'yeux*. Os, dans leur langue, veut dire beaucoup, et iris, l'œil. Le ciel, qui ne vieillit point, puisqu'il est éternel, est figuré par un cœur posé sur un brasier ardent.

A **Thèbes**, les statues des juges étaient sans mains, et celle du président avait les yeux fermés, pour montrer que la justice ne doit se laisser gagner ni par les présents ni par les prières.

Les guerriers avaient dans leur cachet un scarabée gravé ; car, dans cette espèce d'insectes, il n'y a point de femelle, ils sont tous mâles, et ils se reproduisent en déposant leur semence dans du fumier qu'ils roulent en forme de boule, et qui sert également au fœtus de matrice et de nourriture.

---

1. Héliopolis, ou ville du Soleil, était située dans la basse-Egypte, dont ce fut quelque temps la capitale, jusqu'à ce que les rois eurent préféré le séjour de Tanis, qui dès lors devint la métropole de cette

partie de l'Egypte. Héliopolis, selon Diodore de Sicile, avait été bâtie par Actis, un des Héliades, ou premiers habitants de l'ile de Rhodes, qui lui donna le nom du Soleil, dont il se disait le fils.

2. Plusieurs historiens ont porté le nom d'Hécatëe ; celui-ci est vraisemblablement l'Abdérilain, contemporain d'Alexandre, qui, au rapport de Diodore de Sicile, avait écrit sur la philosophie égyptienne.

3. Les Égyptiens étaient divisés en trois classes, les prêtres, les militaires et le reste du peuple. Quand la famille régnante s'éteignait, et qu'il fallait procéder à une élection, le roi n'était jamais choisi que dans les deux premières classes. Lorsqu'on le tirait de la classe militaire, il était admis aussitôt après son inauguration dans la classe sacerdotale, ce qui se faisait avec des cérémonies particulières. Alors on l'initiait à la doctrine secrète, qui, réservée aux seuls prêtre, n'était communiquée à aucune autre des deux classes. Il était soumis à une partie du régime sacerdotal, et non à l'abstinence la plus rigoureuse, puisque nous voyons ici qu'il buvait une portion de vin réglée par les livres sacrés, et qui n'était pas assez considérable pour l'exposer à l'ivresse.

4. Psammétique fut un des douze seigneurs égyptiens qui, après l'extinction de la dynastie des rois éthiopiens qui avaient régné en Egypte, se saisirent de l'autorité, et partagèrent entre eux le royaume. Il finit par régner seul vers l'an 670 avant Jésus-Christ.

5. C'est Eudoxe de Cnide, grand astronome et grand géomètre, disciple de Platon, qu'il accompagna en Egypte. Il avait composé un grand nombre d'ouvrages; celui que Plutarque cite ici contenait de grands détails sur les mœurs et les usages des nations.

6. Syène était une ville considérable de la Théhaïde, située sur le Nil, aux confins de l'Egypte et de l'Ethiopie. Strabon place cette ville précisément sous le tropique du Cancer, et dit qu'on n'y voit point d'ombre dans le temps du solstice.

7. Le pagre est un poisson du genre des spares ; Arislote n'en dit autre chose, sinon qu'on le trouve indistinctement dans la haute mer et sur les côtes, et qu'il a une pierre dans la tête.

8. C'est la Thèbes d'Egypte, capitale de la Thébaïde, contrée la plus méridionale de ce royaume. Elle fut, dit-on, fondée par Osiris, ou, suivant d'autres, par Busiris, qui, selon Diodore, la rendit la ville la plus opulente du monde entier.

9. Saïs était une ville célèbre de la Basse-Egypte ou du Delta, dans la préfecture Saïtique. Athéné ou Minerve y était singulièrement honorée sous le nom de Netlha. Les prêtres de cette ville étaient

célèbres par leur sagesse, et les philosophes de la Grèce allaient s'instruire à leur école.
10. Manéthon, grand-prêtre d'Iléliopolis dans la Basse-Egypte, où était aussi Sébennite, avait composé une histoire d'Egypte ; il vivait sous Plolémée Philadelphe ou sous Ptolémée Soter. Cet ouvrage était fort estimé des anciens. Il y eut un autre prêtre égyptien du même nom, auteur de plusieurs ouvrages, et en particulier d'un livre sur les parfums qu'on employait en Egypte dans les sacrifices qui s'offraient tous les jours.

CHAPITRE TROIS

Lors donc que vous entendrez toutes les fables que les Égyptiens racontent des dieux, qu'on vous dira qu'ils ont erré sur la terre, qu'ils ont été coupés par morceaux, et qu'ils ont éprouvé beaucoup d'autres accidents semblables, souvenez-vous de ce que je viens de dire, et ne pensez point que tout cela soit effectivement arrivé.

Par exemple, ils ne croient pas que le chien soit proprement le dieu **Mercure** ; mais comme cet animal est dans une continuelle vigilance, qu'il fait bonne garde, et que son instinct lui fait distinguer avec sagacité un ami d'un ennemi, ils l'ont comparé, suivant **Platon**, au plus fin de tous les dieux.

Ils ne croient pas non plus que le soleil sorte du milieu d'un lotus, comme un enfant nouveau-né ; mais ils représentent sous cette figure le soleil levant, pour désigner que sa chaleur est entretenue par les vapeurs qui s'élèvent des lieux humides.

Ochus, le plus cruel et le plus terrible des rois de Perse, qui, après avoir massacré un grand nombre d'Egyptiens, finit par égorger le bœuf **Apis**, dont il se nourrit avec ses courtisans, ils lui ont donné le nom de glaive, et il est encore sous cette dénomination dans la liste des rois; non qu'ils aient voulu par là exprimer sa propre substance ; mais par un instrument fait pour répandre le sang, ils ont caractérisé sa méchanceté et sa scélératesse.

C'est ainsi que vous devez entendre le récit que font de ces dieux ceux qui en donnent une interprétation religieuse et philosophique. Alors, vous observez fidèlement tout ce qui est prescrit pour ces cérémonies sacrées, et persuadés que le sacrifice le plus agréable que vous puissiez offrir aux dieux, c'est d'avoir d'eux des idées justes et vraies, vous éviterez la superstition, qui n'est pas un moindre mal que l'athéisme.

[12] Voici donc ce récit, que j'abrégerai le plus qu'il me sera possible, et dont je retrancherai tout ce qui est inutile et superflu. **Rhéa**, dit-on, ayant eu un commerce secret avec **Saturne**, le Soleil, qui s'en aperçut, prononça contre elle cette imprécation, qu'elle ne pût accoucher dans aucun mois ni dans aucune année.

Mercure, qui aimait cette déesse et qui en était bien traité, joua aux dés avec la Lune et lui gagna la soixante-dixième partie de ses clartés, dont il forma cinq jours, qu'il ajouta aux trois cent soixante de l'année ; les Égyptiens les appellent *épagomènes*, et ils les célèbrent comme l'anniversaire de la naissance des dieux.

On dit qu'**Osiris** naquit le premier jour, et qu'au moment de sa naissance on entendit une voix annoncer que le maître de toutes choses arrivait à la lumière. D'autres racontent qu'un certain **Pamylès** de **Thèbes** [1], étant allé chercher de l'eau dans le temple de **Jupiter**, entendit une voix qui lui ordonnait d'annoncer hautement qu'**Osiris**, le grand roi, le bienfaiteur de l'univers, venait de naître ; que, pour cette raison, **Saturne** le chargea de nourrir l'enfant, et qu'en mémoire de cet événement, on célèbre la fête des *Pamylies*, qui ressemblent à nos *Phallophories*.

Le second jour naquit **Aroueris**, ou **Apollon**, que quelques uns appellent l'ancien **Horus** ; le troisième jour **Typhon** vint au monde, non à terme et par la voie ordinaire, mais en s'élançant par le flanc de sa mère, qu'il déchira.

Isis naquit le quatrième jour dans des marais, et le cinquième **Nephtys**, que les uns appellent **Teleuté** et **Vénus**, et d'autres Victoire. On ajoute qu'**Osiris** et **Aroueris** eurent pour père le Soleil, qu'**Isis** fut fille de **Mercure**, **Typhon** et **Nephtys** de **Saturne**.

Le troisième des jours épagomènes était regardé comme de mauvais augure à cause de la naissance de **Typhon** ; les rois n'y traitaient aucune affaire et ne prenaient leurs repas qu'à l'entrée de la nuit. On dit encore que **Typhon** épousa **Nephtys** ; qu'**Isis** et **Osiris**, épris d'amour l'un pour l'autre, s'unirent dans le sein de leur mère ; et de cette union formée dans les ténèbres naquit, selon quelques uns, **Aroueris**, que les Égyptiens appellent le vieux **Horus**, et les Grecs **Apollon**.

[13] Dès qu'**Osiris** fut monté sur le trône, il retira les Égyptiens de la vie sauvage et misérable qu'ils avaient menée jusqu'alors; il leur enseigna l'agriculture, leur donna des lois et leur apprit à honorer les dieux. Ensuite, parcourant la terre, il adoucit les mœurs des hommes, eut rarement besoin de la force des armes, et les attira presque tous par la persuasion, par les charmes de la parole et de la

musique ; aussi les Grecs ont-ils cru qu'il était le même que **Bacchus**.

Typhon, qui, pendant son absence, n'avait osé rien innover, parce que Isis administrait le royaume avec autant de vigilance que de fermeté, tendit des embûches à **Osiris** lors de son retour, et fit entrer dans la conjuration soixante-douze complices. Il fut secondé aussi par la reine d'Ethiopie, qui se nommait **Aso**. Il avait pris furtivement la mesure de la taille d'**Osiris**, et avait fait faire un coffre de la même grandeur, très richement orné, qu'on apporta dans la salle du festin qu'il donnait à ce prince.

Tous les convives l'ayant regardé avec admiration, **Typhon** leur dit, comme en plaisantant, qu'il en ferait présent à celui d'entre eux qui, s'y étant couché, se trouverait justement de la même grandeur. Chacun d'eux l'ayant essayé à son tour sans qu'il convînt à personne, **Osiris** y entra aussi et s'y étendit. A l'instant les conjurés accourent, ferment le coffre, et pendant que les uns en clouent le couvercle, les autres font couler sur les bords du plomb fondu pour le boucher exactement ; après quoi ils le portent dans le Nil, d'où il fut poussé dans la mer par l'embouchure *Tanitique*, dont les Égyptiens, pour cette raison, ne prononcent encore aujourd'hui le nom qu'avec horreur.

Cette conjuration eut lieu le 17 du mois *athyr* [2], où le soleil parcourt le signe du Scorpion, la vingt-huitième année du règne d'**Osiris** ; d'autres disent de son âge et non pas de son règne.

[14] Les pans et les satyres qui habitent auprès de **Chemmis** [3] furent instruits les premiers de cet événement, et en répandirent la nouvelle. De là les frayeurs soudaines

qui saisissent une multitude ont été appelées terreurs paniques.

Isis n'en fut pas plutôt informée, qu'elle coupa, dans le lieu même où elle l'apprit, une boucle de ses cheveux, et prit une robe de deuil. Ce fut à l'endroit où est aujourd'hui la ville de **Copto** [4], nom qui, suivant quelques auteurs, signifie privation, car on dit coptein pour priver.

Elle courait de tous côtés, livrée aux plus cruelles inquiétudes, et s'informant à tous ceux qu'elle voyait du coffre qui faisait l'objet de ses recherches, lorsque enfin elle rencontra de petits enfants à qui elle fit la même question. Ils l'avaient vu par hasard, et lui dirent par quelle embouchure les amis de **Typhon** l'avaient poussé dans la mer.

De là vient l'opinion où sont les Égyptiens que les enfants ont la faculté de deviner ; et ils tirent des présages des paroles qu'ils leur entendent prononcer au hasard dans les temples. Isis apprit qu'**Osiris** avait eu, par erreur, commerce avec **Nephtys**, sa sœur, qui en était amoureuse, et qu'il avait pris pour Isis, et elle en eut la preuve dans la couronne de mélilot qu'il avait laissée auprès de **Nephtys**, et se mit à la recherche rie l'enfant, que la mère avait exposé aussitôt après sa naissance, par la crainte de **Typhon**.

Isis l'ayant trouvé, avec bien de la peine, conduite par des chiens qui allaient à la découverte, se chargea de le nourrir. Elle le prit ensuite pour son gardien et son compagnon de voyage et lui donna le nom d'**Anubis**.

On croit qu'il est préposé à la garde des dieux, comme les chiens sont faits pour garder les hommes. Elle apprit bientôt que le coffre, porté par les flots de la mer auprès de la ville de **Byblos** [5], avait été déposé doucement sur un buisson, qui, en peu de temps, parvint à un tel degré de grandeur et de beauté, que sa tige enveloppa le coffre et le couvrit entièrement ; en sorte qu'on ne pouvait l'apercevoir.

Le roi du pays, frappé de la grandeur de cette plante, ayant fait couper la tige qui cachait le coffre dans son sein, en fit une colonne qui soutenait le toit de son palais.

[15] **Isis**, qui en fut, dit-on, avertie par une révélation céleste, vint à Byblos et s'assit auprès d'une fontaine, les yeux baissés et versant des larmes, sans adresser la parole à personne ; seulement elle salua les esclaves de la reine, leur parla avec bonté, arrangea leurs cheveux, et leur communiqua l'odeur délicieuse qui s'exhalait de son corps.

La reine, frappée de la coiffure de ses esclaves et de l'odeur agréable qu'elles répandaient, conçut le plus vif désir de voir cette étrangère. On la fit venir, et la reine, dont elle devint l'amie, lui donna un de ses enfants à nourrir.

On dit que le roi s'appelait **Malcandre** et la reine **Astarpe**; d'autres la nomment **Saosis**, et quelques uns **Nemanoun**, qui répond au nom grec **Athénaïs**.

---

1. C'est la Thèbes d'Égypte.
2. Le mois d'athyr, qui était le troisième do l'année égyptienne, répondait à la fin d'octobre et à la plus grande partie de novembre; il portait le nom d'Athyr, qui est la même déesse que la Vénus des Grecs, sortie du sein des eaux.
3. Chemmis était une ville considérable de la préfecture de Thèbes dans la Haute-Egypte. Diodore dit que son nom signifie ville de Pan, el qu'Osiris, qui avait pris Pan avec lui dans ses expéditions, bâtit cette ville en son honneur.
4. Copto ou Coptos était une ville de la Thébaïde dans la Haute-

Egypte, laquelle, suivant Strabon, était commune aux Égyptiens et aux Arabes, el servait d'entrepôt pour le commerce de ces deux peuples.
5. Byblos était une ville de Phénicie située assez près de la mer, sur un fleuve du même nom ; elle était fameuse par le culte d'Adoniis Elle subsiste encore sous le nom de Gébul ou Gibyle.

CHAPITRE QUATRE

Isis, pour nourrir l'enfant, lui mettait, au lieu de mamelles, le doigt dans la bouche ; la nuit, elle le passait dans le feu pour consumer ce qu'il y avait en lui de mortel, et prenant la forme d'une hirondelle, elle allait se placer sur la colonne et déplorait la perte d'**Osiris**.

Une nuit, la reine l'ayant observée, et voyant son fils dans les flammes, elle jeta de grands cris, et le priva par là de l'immortalité. Alors la déesse se fit connaître et demanda la colonne qui soutenait le toit. Elle lui fut accordée, et ayant coupé la tige avec facilité, elle l'enveloppa d'un voile, y répandit des parfums et la remit au roi et à la reine.

Ce bois est encore à **Byblos**, dans le temple d'**Isis**, où le peuple l'honore. La déesse se jeta sur le coffre et poussa des cris si affreux, que le plus jeune des fils du roi en mourut de frayeur.

Isis, accompagnée de l'aîné, s'embarqua avec le coffre, et fit voile pour l'Egypte. Comme au lever de l'aurore il soufflait du fleuve *Phédrus* un vent impétueux, la déesse, irritée, le dessécha entièrement.

[17] Dès qu'elle se vit seule dans un lieu écarté, elle ouvrit le coffre, et, collant son visage sur celui d'**Osiris**, elle le baisa et l'arrosa de ses larmes. Le fils du roi s'étant approché doucement par derrière pour l'observer, **Isis**, qui s'en aperçut, se retourna et lança sur lui un regard si terrible, qu'il ne put le soutenir, et en mourut de frayeur.

D'autres racontent autrement sa mort, et disent qu'il tomba dans la mer de la manière qu'on l'a dit plus haut. Les Egyptiens l'honorent à cause de la déesse, et c'est lui qu'ils chantent dans leurs repas sous le nom de **Maneros**.

Selon quelques uns, il se nommait **Palestinus** ou **Pelusius**, et la déesse bâtit une ville qu'on appela de son nom **Pélusium** [1].

On dit que ce **Maneros**, chanté par les Egyptiens, fut l'inventeur de la musique. D'autres prétendent que **Maneros** n'est point un nom d'homme, mais une espèce de formule usitée dans les festins et dans les fêtes, par laquelle on souhaitait que ces divertissements fussent heureux ; car c'est là ce qu'exprimé le mot maneros qu'ils répètent si souvent dans ces occasions.

De même cette figure de mort qu'ils présentent aux convives n'est pas, comme quelques uns l'ont pensé, une représentation de la mort d'**Osiris**. Leur but en cela est de les avertir qu'en jouissant des plaisirs de la vie, ils doivent se souvenir qu'ils seront bientôt dans le même état.

[18] **Isis** s'étant mise en chemin pour aller à **Butis** [2], où son fils **Horus** [3] était élevé, déposa le coffre dans un lieu éloigné de la vue des hommes ; mais **Typhon**, en chassant la nuit au clair de la lune, trouva le coffre, et, ayant

reconnu le corps d'**Osiris**, il le coupa en quatorze parties, qu'il dispersa de côté et d'autre.

Isis l'ayant appris, monta sur une barque faite d'écorce de papyrus [4], et parcourut les marais voisins pour les chercher. De là vient que ceux qui naviguent dans des vaisseaux de papyrus ne sont point attaqués par les crocodiles, soit crainte, soit respect pour la déesse de la part de ces animaux.

A mesure qu'**Isis** trouvait une partie du corps d'**Osiris**, elle lui élevait une sépulture dans le lieu même ; et c'est pour cela qu'on voit eu Egypte plusieurs tombeaux d'**Osiris**. D'autres disent qu'elle fit faire plusieurs représentations d'**Osiris** et qu'elle en donna une à chaque ville, en leur faisant croire que c'était le corps même de ce prince. Elle voulait qu'il fût plus généralement honoré, et que si **Typhon**, venant à l'emporter sur **Horus**, cherchait à découvrir où était le tombeau d'**Osiris**, le grand nombre de ceux qu'on lui montrerait lui fit désespérer de connaître le véritable.

Il n'y eut que les parties naturelles qu'**Isis** ne retrouva point, parce que **Typhon** les avait jetées tout de suite dans le Nil, où elles furent dévorées par le lépidote, le pagre et l'oxyrinche ; aussi ce sont les poissons que les Egyptiens ont le plus en horreur. La déesse, pour remplacer cette perte, en fit faire une représentation, et elle consacra le phallus, dont les Egyptiens célèbrent encore aujourd'hui la fête.

[19] **Osiris** apparut des enfers à son fils **Horus**, et l'instruisit dans l'art des combats ; après quoi il lui demanda quelle action il regardait comme la plus glorieuse :

C'est, répondit Horus, de venger les torts qu'auraient essuyés un père et une mère.

Osiris lui demanda encore quel animal il croyait le plus utile pour la guerre. **Horus** lui ayant répondu que c'était le cheval, **Osiris**, étonné, lui demanda pourquoi il n'avait pas nommé le lion plutôt que le cheval :

C'est, répliqua Horus, que le lion est utile à ceux qui n'ont besoin que de défense ; mais avec le cheval on poursuit son ennemi et on le tue.

Osiris, charmé de ses réponses, comprit que son fils était assez préparé pour le combat. On dit qu'une foule d'Egyptiens passèrent dans le parti d'**Horus**, et entre autres la concubine de **Typhon**, nommée **Thoueris**.

Un serpent qui la poursuivait fut tué par les gens de la suite d'**Horus**; et c'est en mémoire de cette action, qu'encore aujourd'hui, ils apportent dans leurs assemblées une corde qu'ils coupent en plusieurs morceaux.

Le combat dura plusieurs jours, et **Horus** remporta la victoire. **Isis** ayant trouvé **Typhon** enchaîné, ne le fit point périr, mais le délia et lui rendit la liberté. **Horus**, dans l'indignation qu'il en conçut, porta la main sur sa mère, et lui arracha les marques de la dignité royale qu'elle portait sur sa tête.

Mercure lui donna en dédommagement un casque qui représentait une tête de taureau. **Typhon** intenta procès à **Horus** sur sa légitimité ; mais aidé du secours de **Mercure**, il se fit reconnaître par les dieux, et vainquit **Typhon** dans deux autres combats. **Isis**, avec qui **Osiris**

avait eu commerce après sa mort, en eut un fils qui naquit avant terme, et qui était boiteux.

On lui donna le nom d'**Harpocrate**[5].

[20] Tels sont les principaux faits de ce récit, dont j'ai retranché les circonstances les plus révoltantes, telles que le démembrement d'**Horus** et le décollement d'**Isis**.

S'il y a des hommes qui pensent et qui s'expriment ainsi sur la Divinité, dont le caractère distinctif est d'être heureuse et incorruptible, et qu'ils donnent pour véritables des faits de cette nature, je n'ai pas besoin, **Cléa**, de vous prévenir que, selon l'expression d'**Eschyle**, il ne faut les payer que d'un profond mépris [6]; car de vous-même vous concevez sans doute une juste indignation contre ces personnes qui ont sur le compte des dieux des opinions si étranges et si impies.

Vous voyez très bien que le récit que je viens de vous faire ne ressemble point à ces fables, à ces vaines fictions que les poètes et les mythologistes enfantent dans leur imagination, et qui, semblables à des toiles d'araignées, n'ont aucune solidité. Il s'agit ici de faits véritables et d'accidents réels.

Les mathématiciens disent que l'arc-en-ciel est une image du soleil, et que la variété de ses couleurs est l'effet de la réfraction que ses rayons éprouvent dans la nue. De même cette fable est la représentation d'un objet qui réfléchit naturellement notre pensée sur un autre qu'il s'agit de découvrir.

C'est ce que nous prouvent ces cérémonies tristes et lugubres qui accompagnent leurs sacrifices, la forme de leurs temples, où l'on voit d'un côté de larges ailes, de longues avenues découvertes, et de l'autre des chambres souterraines et obscures en forme de cellules ou de chapelles.

Une autre preuve non moins forte, c'est l'opinion où l'on est qu'il existe des tombeaux d'**Osiris**. Quoique les Egyptiens croient que son corps est enseveli en plusieurs endroits, on est persuadé en général qu'**Abyde** [7] ou la petite ville de **Memphis** est la seule qui possède son véritable tombeau.

En effet, c'est à **Abyde** qu'on enterre les plus riches et les plus puissants d'entre les Egyptiens, qui tous ambitionnent d'avoir un sépulcre commun avec **Osiris**, et l'on entretient à **Memphis** le bœuf **Apis**, qu'on regarde comme l'image de ce dieu, et qui, à ce titre, doit être au même endroit que son corps.

D'autres prétendent que le nom de cette ville signifie le port des biens, que le véritable tombeau d'**Osiris** est dans une île que le Nil forme auprès de **Philes**, et qui ordinairement est inabordable pour tout le monde; les oiseaux mêmes ne peuvent s'y reposer, et les poissons n'en approchent pas ; seulement, à un certain jour, les prêtres s'y rendent, y font des sacrifices funèbres, et couronnent le tombeau d'**Osiris**, qui est ombragé par une plante dont la hauteur excède celle des plus grands oliviers.

---

1. Péluse était une ville de la Basse-Egypte qui donnait son nom à une des embouchures du Nil près de laquelle on l'avait bâtie. Son nom, qui en grec signifie bourbeuse, montre qu'elle était située dans un terrain fort marécageux.
2. Butis était une ville considérable de la Basse-Egypte, près de l'embouchure du Nil, nommée Sébennytique, et fameuse par un oracle de Latone.
3. Horus était le fils légitime d'Osiris et d'Isis; on l'appelait l'ancien

Horus, pour le distinguer du fils qu'Osiris avait eu de Nephtys, femme de Typhon. Ils étaient l'un et l'autre le symbole du soleil.

4. Le papyrus est une des plantes anciennement connues qui ont beaucoup exercé les savants modernes. M. Bruce a consacré au papyrus un article assez étendu dans le cinquième volume de son Voyage d'Abyssinie, depuis la page 6 jusqu'à la page 26. Ses connaissances particulières en botanique, et sa véracité connue, doivent donner la plus grande confiance dans ce qu'il en rapporte.
5. Cet Harpocrate était un des dieux les plus anciens de l'Egypte. Son nom, suivant l'interprétation de Jablonski, signifie qui est boiteux. Et, en effet, on le représentait boiteux, sous la figure d'un jeune enfant assis sur un lotos, et qui avait le doigt collé sur la bouche. M. Jablonski reconnaît en lui le soleil au solstice d'hiver.
6. Le vers d'Eschyle dit mot à mot : il faut cracher et se nettoyer la bouche.
7. Abyde était fameuse par son temple d'Osiris, et c'était là que Memnon faisait son séjour. Elle paraissait, dit Slrabon, liv. XVII, p. 559, avoir été autrefois une ville très considérable, et presque comparable à Thèbes. Mais elle n'était plus qu'un petit bourg au temps de ce géographe. On y adorait Osiris.

CHAPITRE CINQ

Eudoxe rapporte qu'on cite en Egypte plusieurs tombeaux d'**Osiris**, et que son corps est réellement à **Busiris** [1], patrie de ce roi; mais on ne peut contester qu'il ne soit à **Taphosiris**, comme le nom seul l'indique, puisqu'il veut dire tombeau d'**Osiris**.

Je ne parlerai point ici de quelques circonstances qui accompagnent leurs sacrifices, de ce bois que l'on fend, de ce lin qu'on déchire, de ces libations qu'on fait pour **Osiris**, parce qu'elles tiennent à des objets mystérieux qui ne sont point connus.

Les prêtres d'Egypte disent non-seulement de ces deux divinités, mais en général de tous les dieux qui ne sont pas éternels et incorruptibles, que leurs corps sont déposés dans leur pays, où on leur rend les honneurs convenables, et que leurs âmes brillent dans les cieux au rang des astres ; que l'âme d'**Isis** est appelée par les Grecs la *Canicule*, et *Sothis* par les Egyptiens ; que celle d'**Horus** est *Orion*, et celle de **Typhon** la *Grande Ourse*.

Tous les autres peuples de l'Egypte contribuent à la

nourriture des animaux qu'ils honorent; les seuls habitants de la **Thébaïde** n'entrent point dans cette dépense, parce qu'ils ne reconnaissent aucun dieu mortel, et qu'ils croient que leur dieu **Gneph** n'a pas été engendré et qu'il est immortel.

[22] Maintenant ceux qui, des différents traits de cette nature qu'on raconte ou qu'on pratique, en veulent conclure que ce récit n'a pour objet que de conserver le souvenir des grandes actions de quelques uns de leurs rois et de leurs princes, à qui la supériorité de leur vertu et de leur puissance fit attribuer une Origine céleste, et qui tombèrent ensuite dans les plus grands malheurs ; ceux-là, dis-je, donnent une ouverture facile et commode pour expliquer ce qu'il y a d'embarrassant dans cette fable, en transférant à des hommes ce qui ne paraît pas pouvoir s'appliquer à des dieux.

D'ailleurs cette solution ingénieuse a des fondements dans l'histoire.

Les Egyptiens racontent que **Mercure** avait un bras plus court que l'autre, que **Typhon** était roux, **Horus** blanc et **Osiris** noir; d'où il s'ensuivrait qu'ils auraient été des hommes. Ils ajoutent qu'**Osiris** commandait les armées ; que **Canobe**, d'où l'astre ainsi appelé a tiré son nom, était un pilote; que le vaisseau appelé *Argo* par les Grecs avait été construit sur le modèle de celui d'**Osiris**, et placé parmi les astres [2], entre *Orion* et le *Grand Chien*, deux constellations dont la première, suivant les Egyptiens, est consacrée à **Horus**, et la seconde à **Isis**.

[23] Mais je crains qu'en adoptant cette explication on n'ébranle les bornes les plus respectables, qu'on ne déclare la guerre non-seulement à toute l'antiquité,

suivant l'expression de **Simonide**, mais encore à une multitude de familles et de nations qui toutes ont été pénétrées des sentiments les plus religieux pour ces divinités.

C'est transporter des cieux à la terre ces noms si révérés ; c'est éteindre et arracher des esprits cette foi vive , empreinte dans tous les hommes presque dès leur enfance; c'est ouvrir la porte à l'impiété de ce peuple d'athées qui transforment les dieux en hommes ; c'est enfin donner comme une sanction manifeste aux impostures de cet **Evhémère** de **Messine** qui, en imaginant les fables les plus absurdes, les plus destituées de fondement, a semé l'impiété dans tout l'univers par son audace à effacer en quelque sorte les noms de tous ces dieux généralement reçus qu'il transforme en rois, en princes, en généraux d'armée, qui ont, dit-il, existé dans des temps fort éloignés, et dont il a trouvé les noms écrits en lettres d'or dans l'île de **Panchée**.

Cependant, jamais aucun Barbare ni aucun Grec n'en a eu connaissance , et il faudra croire que le seul **Evhémère** a abordé dans cette île des *Panchéens* et des *Triphylliens*, peuples qui n'existent et n'ont jamais existé nulle part.

[24] D'ailleurs on vante en **Assyrie** les belles actions de **Sémiramis**, celles de **Sésostris** en Egypte. Les Phrygiens appellent encore aujourd'hui maniques tous les grands traits de courage et de vertu, par honneur pour un de leurs rois que les uns nomment **Manès** et d'autres **Masdès**, et qui se distingua par ses belles qualités et par sa puissance. Les Perses, sous la conduite de **Cyrus**, et les Macédoniens sous celle d'**Alexandre**, ont pénétré en vainqueurs presque jusqu'aux extrémités de l'univers; cepen-

dant tous ces héros n'ont jamais été regardés que comme de grands rois.

Si quelques uns d'entre eux, enflés d'un vain orgueil, et, pour me servir des termes de **Platon**, emportés par l'ardeur de la jeunesse ou aveuglés par l'ignorance, ont usurpé le titre de dieux et se sont fait ériger des temples, leur gloire n'a eu qu'un éclat passager, et la postérité a hautement flétri non-seulement leur vanité et leur arrogance, mais encore leur injustice et leur impiété. La mort a dissipé leur vaine renommée, comme on voit clans les airs se perdre la fumée.

Enfin, tels que des esclaves fugitifs réclamés par leurs maîtres, ils se sont vus arrachés de leurs temples et de leurs autels, et n'ont plus que des monuments et des tombeaux. Aussi **Antigonus** ayant entendu un certain **Hermodote** l'appeler, dans un de ses poèmes, fils du soleil et le traiter de dieu, il lui dit :

> *Celui qui vide tous les jours ma garde-robe sait bien le contraire* [3].

Le statuaire **Lysippe** eut raison de blâmer **Apelle** d'avoir peint **Alexandre** la foudre à la main. Pour lui, il se contenta de lui donner une lance, et il disait que le temps ne détruirait pas un honneur mérité.

[25] J'approuve davantage l'opinion de ceux qui n'appliquent ni à des dieux ni à des hommes les revers qu'on raconte de **Typhon**, d'**Osiris** et d'**Isis**, mais à certains démons puissants que **Platon**, **Pythagore**, **Xénocrate** et **Chrysippe**, d'après les plus anciens théologiens, croient

avoir été beaucoup plus forts que des hommes, et bien supérieurs en puissance à la nature humaine.

La divinité n'était en eux ni pure ni sans mélange ; ils réunissaient les perceptions spirituelles de l'âme et les sensations corporelles ; ils étaient capables de plaisir, de douleur et de toutes les autres affections de cette nature qui avaient sur eux plus ou moins d'empire ; car il y a dans les génies, ainsi que dans les hommes, différents degrés de vertu et de vice.

Ce que les Grecs publient des Géants et des Titans, de quelques actions injustes de **Saturne**, du combat d'**Apollon** contre **Python**, de la fuite de **Bacchus** et des courses de Gérés, ne diffère en rien des événements attribués à **Osiris** et à **Typhon**, ni des autres récits de cette nature dont tout le monde peut facilement s'instruire.

Il faut en dire autant de tous les autres faits qui sont l'objet secret des mystères et des initiations, et qu'on dérobe avec soin aux regards et à la connaissance de la multitude.

---

1. Busiris était une ville considérable de l'Egypte, au milieu du Delta, qu'on croyait avoir été bâtie par un roi de ce nom, différent de celui que l'histoire peint si cruel, et qui faisait périr tous les étrangers qui abordaient dans ses États. Il y avait dans cette ville un temple d'Isis très célèbre.
2. Le vaisseau Argo était celui qu'on supposait avoir porte les Argonautes qui allaient à la conquête de la toison d'or, et qui fut mis au rang des astres, parce que c'était, disait-on, le premier qui eût été mis en mer, et que d'ailleurs Minerve elle-même passait pour l'avoir construit.
3. Cet Antigonus, premier du nom, était roi de Macédoine, et surnommé Gonatas. Il régnait environ deux cent soixante-seize ans avant notre ère.

CHAPITRE SIX

Nous voyons **Homère** dire seulement des hommes d'une vertu supérieure, qu'ils sont semblables aux dieux, qu'ils ont des êtres immortels la sagesse profonde. Mais il se sert indifféremment du nom de démons pour désigner les bons et les méchants :

> *Fier démon, près de moi, viens assouvir ta rage :*
>   *Pourquoi veux-tu des Grecs effrayer le courage ?*

Il dit encore :

> *Tel qu'un démon terrible, au quatrième assaut,*
>   *Il s'élance sur lui.*

Et ailleurs :

> *Implacable démon! quel mal ont pu te faire,*
>   *Les malheureux Troyens, dont ton bras sanguinaire*
>   *Brûle de renverser les superbes remparts* [1] ?

Il nous montre par là que les démons sont d'une nature mixte, et que leur volonté est susceptible d'affections opposées. Aussi **Platon** attribue-t-il aux dieux de l'Olympe tout ce qui est à droite et en nombre impair, et aux démons ce qui est à gauche et en nombre pair.

Xénocrate croit que les jours qu'on regarde comme funestes, que les fêtes où l'on pratique les flagellations, les plaintes lugubres, les jeûnes, les expressions ou obscènes ou de mauvais augure, ne sont point faits pour honorer les dieux ou les bons génies, mais qu'il y a dans la région de l'air des esprits forts et puissants dont le caractère sombre et mélancolique se plaît à ces tristes cérémonies qui les détournent de faire éprouver aux hommes de plus grands maux.

Hésiode dit des génies bons et favorables qu'ils sont chastes et purs, qu'ils veillent sur les hommes, A qui, rois bienfaisants, ils donnent la richesse. **Platon** les regarde comme des interprètes et des médiateurs entre les dieux et les hommes, qui font passer au ciel les vœux et les prières des mortels, et leur rapportent les oracles et les bienfaits de ces êtres tout-puissants.

Empédocle dit que les démons sont punis des fautes et des négligences qu'ils commettent. Au vaste sein des mers le ciel les précipite. L'onde qui les reçut les rejette à l'instant. Par la terre lancés dans le soleil brûlant, dans le vague des airs cet astre les rejette ; Ils sont ainsi poussés de retraite en retraite.

Après que leurs fautes ont été expiées par ces divers supplices, ils sont rendus à leur premier état et replacés dans le lieu que la nature leur a destiné.

[27] Ce qu'on raconte de **Typhon** est analogue à ce qui

est dit des génies. Poussé, dit-on, par une haine jalouse, il commit de grands crimes, remplit de désordres affreux la terre et les mers, et ensuite il en fut puni. La sœur et l'épouse d'**Osiris** en fut aussi le vengeur. Après avoir réduit à l'impuissance la fureur et la rage de **Typhon**, elle ne voulut pas que les combats et les traverses qu'elle avait essuyés, que tant de traits de son courage et de sa sagesse fussent ensevelis dans l'oubli et dans le silence.

Elle institua donc des mystères et des cérémonies augustes qui devaient être une représentation et une image des événements qui lui étaient arrivés. Par là, elle a consacré tout à la fois et une leçon de piété et une consolation puissante pour tous ceux qui éprouveraient de pareilles adversités.

Isis et **Osiris**, de bons génies qu'ils étaient, ayant été changés en dieux, comme le furent depuis **Hercule** et **Bacchus**, ont reçu, et avec raison, les honneurs qu'on rend aux dieux et aux démons, puisqu'ils ont partout, et principalement sur la terre et dans les enfers, le pouvoir le plus étendu.

En effet, **Sarapis** n'est pas différent de **Pluton**, ni **Isis** de **Proserpine**, comme le dit **Archémachus** de l'île d'Eubée [2], et **Héraclite** de Pont, qui croit que l'oracle de **Canope** est le même que celui de **Pluton**.

[28] **Ptolémée Soter** vit une nuit, en songe, le colosse de **Pluton**, qui était à **Sinope** : il ne l'avait jamais vu et n'en savait pas même la forme.

Dans cette vision, le colosse lui ordonna de le faire transporter au plus tôt à **Alexandrie**. Comme il ignorait en quel lieu il était placé, et qu'il racontait sa vision à ses amis avec une vive perplexité, un homme nommé **Sosibius**, qui avait beaucoup voyagé, se présente à ce prince et lui dit qu'il avait vu à **Sinope** un colosse semblable à celui qu'il dépeignait. **Ptolémée** envoya donc à Sinope **Sotelès** et **Dionysius**, qui, après beaucoup de temps et de peines, mais surtout par un effet de la protection divine, parvinrent à enlever le colosse, qu'ils portèrent au roi.

Dès que **Timothée** l'interprète [3] et **Manéthon** le Sébennite l'eurent vu, ils conjecturèrent, par un cerbère et un dragon qui y étaient représentés, que c'était une statue de **Pluton**, et ils persuadèrent à **Ptolémée** que ce ne pouvait être que celle de **Sarapis**.

Ce n'était pas ainsi qu'on l'appelait à **Sinope** ; mais, arrivé à **Alexandrie**, il y reçut ce nom, qui est celui que les Égyptiens donnaient à **Pluton**. Ceux qui veulent que ce dieu et **Osiris** ne soient qu'une même divinité, ramènent à leur sentiment ce que dit **Héraclite** le physicien, qu'**Adès** et **Bacchus** sont un même dieu, lorsqu'ils sont l'un et l'autre dans la fureur et dans le délire.

Dire, comme quelques auteurs, que, par le mot **Adès**, **Héraclite** entend le corps, parce que l'âme y est comme dans un état de folie et d'ivresse, c'est avoir recours à une allégorie froide et puérile. Il est plus raisonnable de croire qu'**Osiris** est le même que **Bacchus**, et **Sarapis** le même qu'**Osiris**, qui reçut ce nom lorsqu'il changea de nature ; car celui de **Sarapis** est commun à tous ceux qui éprouvent ce changement, comme le savent ceux qui ont été initiés aux mystères d'**Osiris**.

[29] Il ne faut pas s'arrêter à la tradition des Phrygiens, qui disent que **Sarapis** était une fille d'**Hercule**, et que **Typhon** était né d'**Isaïacus**, fils de ce même héros.

N'ajoutez pas plus de foi au récit de **Phylarque** [4], qui raconte que **Bacchus** fut le premier qui amena des Indes en Egypte deux bœufs dont l'un était nommé **Apis**, et l'autre **Osiris**; que **Sarapis** est le nom de l'être qui a mis l'ordre dans l'univers, et qu'il est dérivé du mot sarein, qui, suivant quelques uns, signifie ordonner, embellir. Telles sont les absurdités de **Phylarque**.

Une opinion plus absurde encore est celle des auteurs qui veulent que **Sarapis** ne soit pas le nom d'un dieu, mais celui du monument sépulcral d'**Apis**; qu'à **Memphis**, lorsqu'on fait ses funérailles, on ouvre des portes d'airain qu'on appelle les portes du *Léthé* et du *Cocyte*, qui font un bruit sourd et dur. De là vient que le son de tout corps d'airain nous étonne et nous saisit de peur.

Je trouve plus raisonnable le sentiment de ceux qui, dérivant le nom de **Sarapis** d'un verbe qui signifie mouvoir, agiter, disent qu'il exprime le mouvement de l'univers. La plupart des prêtres veulent que le nom de **Sarapis** soit composé de ceux d'**Apis** et d'**Osiris**, fondés sur ce point de doctrine qu'ils enseignent, qu'**Apis** est l'image la plus belle de l'âme d'**Osiris** [5].

Pour moi, si le nom de **Sarapis** est vraiment égyptien, je pense qu'il exprime la satisfaction et la joie : ce qui me porte à le croire, c'est que les Égyptiens appellent *sairei* leurs jours de réjouissance.

Platon dit que le nom d'**Adès** signifie le fils de la douceur, et ce dieu est doux et facile pour ceux qui sont auprès de lui. La langue égyptienne a plusieurs autres noms propres qui équivalent à des phrases entières.

Par exemple, le séjour souterrain où les âmes se rendent après la mort, se nomme *Amenthès*, mot qui signifie recevoir et donner. Nous examinerons plus bas si ce nom est un de ceux qui ont été transportés anciennement de Grèce en Egypte. Continuons de discuter ici l'explication qui nous occupe.

[30] **Osiris** et **Isis**, comme on l'a déjà dit, passèrent de la nature des génies à celle des dieux. Pour **Typhon**, dont la puissance affaiblie et, pour ainsi dire, brisée, fut au moment d'être entièrement détruite, tantôt ils le consolent et l'adoucissent par leurs sacrifices, tantôt ils le traitent avec mépris, ils l'insultent dans leurs fêtes, ils outragent les hommes roux qu'ils rencontrent, et jettent un âne dans un précipice ; c'est en particulier ce que font les Coptites [6], parce que **Typhon** était roux, et que les ânes sont de cette couleur.

Les habitants de **Busiris** et de **Lycopolis** [7] ne font jamais usage de la trompette, parce que le son de cet instrument ressemble à celui de l'âne. En général ils regardent cet animal comme impur et propre aux mauvais génies, à cause de sa ressemblance avec **Typhon**.

Dans les sacrifices qu'ils font aux mois de *payni* et de *phaophi* [8], ils donnent aux gâteaux sacrés la forme d'un âne enchaîné ; et dans celui qu'ils font en l'honneur du soleil, ils recommandent à ceux qui viennent honorer le dieu de ne porter sur eux aucun ornement d'or, et de ne donner à manger à aucun âne.

Il paraît que les pythagoriciens ont regardé **Typhon** comme un génie. Ils disent qu'il est né dans la mesure du nombre pair 56, que le triangle exprime la puissance de **Pluton**, de **Bacchus** et de **Mars** ; le carré, celle de **Rhéa**, de **Vénus**, de **Cérès**, de **Vesta** et de **Junon** ; le dodécagone, celle de **Jupiter**, et la figure à 56 angles, celle de **Typhon**, comme l'enseigne **Eudoxe**.

1. Dans le premier de ces passages d'Homère, c'est d'Alcinoüs, roi des Phéacicns, que cela est dit ; dans le second, c'est Ajax qui parle à Hector pendant l'assaut donné par les Troyens au camp des Grecs; le troisième regarde Achille trompé trois fois par Apollon, qui dérobe à ses coups Hector, sur lequel il fond avec fureur une quatrième fois. Dans le quatrième passage, Jupiter reproche à Junon sa haine implacable contre les Troyens, dont elle a juré la ruine totale.
2. Archémachu, de l'île d'Eubée, avait composé une histoire de sa patrie, qui est souvent citée par les auteurs anciens.
3. Timothée, selon Tacite, était un Athénien de la famille des eumolpides, ou prêtres d'Eleusis, que Ptolémée avait fait venir pour le consulter sur sa vision, parce que les prêtres égyptiens à qui il l'avait communiquer ne purent lui donner aucun éclaircissement sur un pays qui leur était inconnu.
4. Phylarque fut l'un des historiens des conquêtes d'Alexandre ; il vivait du temps de Ptolétmée Évergète.
5. On a même vu que, selon la doctrine des prêtres, l'âme d'Osiris était passée dans le corps de ce bœuf, et qu'elle passait successivement dans le corps de tous les autres bœufs qui le remplaçaient et qui avaient les marques exigées par les prêtres, pour qu'il pût être regardé comme le successeur du véritable Apis.
6. Copte était une ville de la Thébaïde et un entrepôt de commerce commun aux Égyptiens et aux Arabes.
7. Nous avons déjà parlé de la ville de Busiris; celle de Lycopolis, on ville du Loup, située sur les bords du Nil dans la Thébaïde, avait été bâtie en mémoire de ce que les Éthiopiens, qui faisaient des courses sur les terres d'Egypte, furent repoussés par une armée de loups jusqu'à Éléphantine. Les Égyptiens construisirent la ville à l'endroit même où ces animaux s'étaient mis en bataille, et l'appelèrent Lycopolis.
8. Le mois payni était le deuxième de l'année égyptienne, vers la fin duquel arrivait le solstice d'été. Il répondait à la fin de mai et à une grande partie de juin.

CHAPITRE SEPT

Les Egyptiens, qui croient que **Typhon** était roux, n'immolent que des bœufs de cette couleur; et ils sont si scrupuleux à cet égard, que s'ils trouvent sur un de ces animaux un seul poil blanc ou noir, ils le jugent indigne d'être immolé. Ils pensent qu'on ne doit pas offrir aux dieux en sacrifice ce qui leur est agréable, mais au contraire les corps des animaux qui ont reçu les âmes des hommes injustes et impies après leur métamorphose.

C'est pour cela qu'ils prononcent des malédictions sur la tête de la victime ; et anciennement, après la lui avoir coupée, ils la jetaient dans le Nil ; aujourd'hui ils la donnent à des étrangers. Des prêtres, nommés *sphragifles* [1], imprimaient sur le bœuf qu'on devait immoler un sceau qui, suivant l'historien Castor [2], avait pour empreinte un homme assis sur ses genoux, les mains liées derrière le dos et le couteau sur la gorge.

Ils punissent aussi l'âne de la ressemblance qu'il a avec **Typhon**, comme on l'a déjà dit, non-seulement par sa couleur, mais encore par sa stupidité et sa pétulance. Aussi ont-ils donné le nom d'âne à **Oclius**, celui des rois de Perse qu'ils détestent le plus à cause de sa scélératesse et de son impiété[3]. **Ochus**, qui le sut, leur dit : Cet âne mangera votre bœuf; et il fit immoler **Apis**, suivant le rapport de **Dinon**[4].

Ceux qui disent que **Typhon** s'enfuit du combat monté sur un âne, qu'il courut pendant sept jours, et qu'ayant ainsi échappé à ses ennemis, il eut dans la suite deux fils nommés **Hiérosolymus** et **Judéus**, ont évidemment voulu mêler à la fable égyptienne les événements du peuple juif. Telles sont les allégories que cette explication renferme.

[32] Passons maintenant à des opinions plus philosophiques, et commençons par les plus simples. Il y a des philosophes qui disent que, comme chez les Grecs, **Saturne** est l'allégorie du temps, **Junon** celle de l'air ; que la naissance de **Vulcain** est le symbole du changement de l'air en feu ; de même, chez les Egyptiens, **Osiris** est le Nil, qui s'unit avec **Isis**, ou la terre ; que **Typhon** est la mer, dans laquelle le Nil va se perdre en se divisant, mais après avoir déposé dans la terre une partie de ses eaux qui la rendent féconde.

Ils chantent en l'honneur d'**Osiris** une lamentation sacrée, dans laquelle ils disent qu'il est né à gauche et qu'il périt à droite; car les Egyptiens regardent l'orient comme la face du monde ; le nord en est la droite et le midi la gauche. Or, le Nil, qui prend sa source au midi et est englouti par la mer vers le nord, est dit avec raison naître à la gauche et périr à la droite.

Aussi les prêtres ont-ils la mer en horreur et disent-ils que le sel est l'écume de **Typhon**. Une des choses qui leur sont défendues, c'est de mettre du sel sur la table. Ils ne conversent point avec les nautoniers, parce qu'ils gagnent leur vie à courir les mers. Ils n'ont pas moins d'aversion pour le poisson ; et pour désigner la haine, ils peignent un de ces animaux.

A Saïs, on avait gravé dans le vestibule du temple de **Minerve** un enfant, un vieillard, un épervier, un poisson et un hippopotame. C'étaient évidemment autant de symboles qui voulaient dire : Ô vous qui arrivez à la vie, et vous qui êtes prêts à en sortir, Dieu hait l'impudence.

Ainsi l'enfant désigne la naissance ; le vieillard, la mort ; l'épervier, la Divinité ; le poisson, la haine, à cause de la mer, comme je viens de le dire, et l'hippopotame marque l'impudence ; car on dit que cet animal, après avoir tué son père, fait violence à sa mère et s'accouple avec elle.

Cette opinion des pythagoriciens, que la mer est une larme de **Saturne** , semble insinuer énigmatiquement qu'elle est impure, et en quelque sorte étrangère au reste de la nature. Jusqu'ici cette explication n'offre rien que de très connu et qui ne soit à la portée du vulgaire.

[33] Mais les plus philosophes d'entre les prêtres ne se contentent pas de dire qu'**Osiris** est le Nil et **Typhon** la mer ; ils ajoutent qu'**Osiris** est en général le principe de toute humidité, la source de toute production, la substance de tous les germes ; que **Typhon**, au contraire, est le principe de la chaleur et du feu, la cause de la sécheresse, l'ennemi de l'humidité. Et comme ils croient qu'il était roux et pâle, ils n'aiment pas à voir et à fréquenter les personnes de cette couleur.

Ils disent qu'**Osiris** était noir, parce que l'eau donne une teinte noire à la terre, aux étoffes et même aux nuées ; que, dans les jeunes gens, l'abondance de l'humidité rend leurs cheveux noirs, au lieu que dans les vieillards la sécheresse du tempérament fait blanchir et comme pâlir les leurs.

Le printemps est la saison de la verdure, de la douce chaleur et de la fécondité ; l'automne, par le défaut d'humidité, arrête la végétation des plantes et cause des maladies aux animaux. Le bœuf **Mnevis**, qu'on entretient à Héliopolis, et qui, consacré à **Osiris**, est, selon quelques uns, le père d'**Apis**, a le poil noir, et est, après **Apis**, ranimai que les Egyptiens honorent le plus.

Ils donnent à l'Egypte le nom de *Chémia*, parce que le terrain en est noir comme la prunelle de l'œil, et ils la comparent au cœur humain : car son climat est chaud, son sol humide, et elle s'étend vers le midi, qui la borne dans sa plus grande partie, comme dans le corps humain le cœur est situé à gauche.

[34] Ils disent que le soleil et la lune parcourent les cieux , portés, non sur des chars, mais sur des vaisseaux, pour signifier que tout est nourri et mis en mouvement par l'eau.

Ils pensent que c'est des Egyptiens qu'**Homère** et **Thalès** avaient pris cette opinion, que l'eau est le principe de tous les êtres, qu'**Osiris** est l'Océan, et qu'**Isis** est Thétis, qui nourrit et alimente toutes les substances.

Les noms que les Grecs donnent à l'émission des germes productifs et à l'union des corps supposent le même principe : le nom de fils en grec vient d'eau ou de pleuvoir, et celui qu'on donne à **Bacchus** montre qu'il est le dieu de la substance humide, et qu'il est le même qu'**Osiris** ; car **Hellanicus** [5] dit avoir entendu les prêtres d'Egypte donner à **Osiris** le nom d'**Usiris**; lui-même il l'appelle toujours ainsi, et avec raison, puisqu'il est le principe de l'humidité.

[35] Cette identité de **Bacchus** et d'**Osiris**, qui doit en être mieux instruite que vous, **Cléa**, qui présidez les thyades de Delphes, et que vos parents ont initiée dès votre enfance aux mystères d'**Osiris**?

Mais si les autres ont besoin qu'on leur en donne des preuves, laissons à part celles qu'il n'est pas permis de divulguer. Il y eu a d'évidentes dans les cérémonies que les prêtres observent aux funérailles d'**Apis**, dont le corps est apporté dans un bateau au lieu de sa sépulture. Elles ne diffèrent point de celles qui sont usitées aux fêtes de **Bacchus**. Ils se couvrent de peaux de faons, portent des *thyrses* dans leurs mains, poussent de grands cris et font les mêmes gestes que les bacchantes lorsqu'elles célèbrent les orgies.

Aussi la plupart des Grecs représentent-ils **Bacchus** sous la forme d'un taureau ; et les femmes d'**Elée**, dans leur hymne à ce dieu, l'invitent de venir à elles avec un pied de taureau. Chez les Argiens, il a le surnom de fils de taureau : on l'évoque du sein des eaux au son des trompettes ; on jette un agneau dans la mer pour le portier des enfers, et l'on cache des trompettes entre les thyrses, comme **Socrate** le rapporte dans son ouvrage sur **Osius**.

D'ailleurs les faits que l'on raconte des Titans et les fêtes nocturnes de **Bacchus** ont un rapport sensible avec **Osiris** que **Typhon** coupe par morceaux, et qui ensuite est rappelé à la vie. J'en dis autant de ses tombeaux ; les Egyptiens, comme je l'ai rapporté plus haut, montrent en plusieurs endroits le sépulcre d'**Osiris**.

Les Delphiens croient aussi que le corps de **Bacchus**

est déposé dans le temple d'Apollon, auprès du trépied de l'oracle où les **Osius** font un sacrifice secret pendant que les thyades réveillent le Lichnite[6]. Les Grecs regardent **Bacchus** non-seulement comme le dieu du vin, mais aussi comme le principe de toute substance humide.

Il suffit pour le prouver des témoignages de **Pindare**, qui dit à ce dieu : **Bacchus**, des plus doux fruits, ô source inépuisable, Mûris de nos vergers la moisson agréable. C'est pour cela qu'il est défendu aux adorateurs d'**Osiris** de détruire aucun arbre fruitier, ni de faire perdre aucune source d'eau.

---

1. Ce mot, qui, dans le texte, est grec et non égyptien, signifie ceux qui scellent.
2. C'est Castor de Rhodes, dont on a parlé dans les Questions romaines.
3. Ochus était désigné dans la liste des rois sous le nom de glaive ; mais cet endroit-ci n'est pas contraire au premier. Ce fut avant l'ordre que en prince donna d'immoler Apis que les Égyptiens l'appelèrent âne, à cause de ses premiers traits de cruauté et de folie, et celui de glaive dut lui être donné après qu'il se fut porté aux plus grands excès de méchanceté.
4. Dinon, père de Clitarque, qui vivait du temps d'Alexandre, avait composé une histoire de Perse souvent citée par les auteurs grecs et latins.
5. Il y a eu en Grèce deux historiens de ce nom, l'un né à Lesbos, et plus ancien qu'Hérodote de douze ans, et l'autre de Milet. Il y a apparence qu'il s'agit ici du dernier, parce que Athénée cite de lui un ouvrage sur l'Egypte.
6. Lichnite était une épithète de Bacchus, et signifie celui qui porte le van, parce que, dans les mystères de Bacchus, ce dieu était représenté sous la forme d'un enfant avec un van à la main.

CHAPITRE HUIT

Ce n'est pas seulement le Nil, mais en général toute espèce d'humidité que ces philosophes regardent comme un écoulement d'**Osiris**. Dans les cérémonies publiques, les Egyptiens portent toujours en pompe un vase plein d'eau à l'honneur du dieu.

Ils désignent par un figuier le roi **Osiris** et l'Egypte située dans la partie méridionale du monde, parce que le figuier est, selon eux, le principe de l'humidité et de la production, et qu'il paraît semblable à l'organe de la génération.

Dans la fête des *Pamylies*, qui, comme on l'a déjà dit, est la même que celle des *Phallophories*, on promène une figure d'**Osiris** dont le phallus est triple ; car ce dieu est le principe de la génération, et tout principe, par sa faculté productive, multiplie tout ce qui sort de lui.

Or, nous avons coutume d'exprimer la pluralité par le nombre trois : *Heureux, trois fois heureux* ; et pour exprimer un nombre indéfini de liens, nous disons : *Par un triple lien* ; à moins qu'on ne suppose que les anciens prenaient ce nombre trois dans un sens propre et littéral.

En effet, la substance humide, qui, dès l'origine, fut le principe générateur de toutes choses, produisit d'abord trois éléments, la terre, l'air et le feu. Ce qu'on a ajouté au fond du récit, que **Typhon** jeta dans le Nil les marques du sexe d'**Osiris**, et qu'**Isis** n'ayant pu les retrouver, en fit une ressemblance qu'elle proposa à la vénération publique, en faisant porter le phallus dans les sacrifices, a pour objet de nous apprendre que la vertu productive du dieu a eu pour matière première la substance humide, et que par elle cette vertu s'est communiquée à tout ce qui en était susceptible.

Une autre fable des Egyptiens, c'est qu'**Apopis**, frère du Soleil, ayant déclaré la guerre à **Jupiter**, ce dieu, secondé d'**Osiris**, vainquit son ennemi ; et qu'en reconnaissance, **Jupiter** l'adopta pour son fils, en le nommant **Dionysius**.

Il est aisé de faire voir que cette fable est fondée sur une vérité physique. Les Egyptiens donnent à l'air le nom de **Jupiter** ; cet élément a pour ennemis la sécheresse et la substance ignée, qui ne sont pas précisément le soleil, mais qui ont avec cet astre le plus grand rapport. L'humidité, qui tempère l'excès de la sécheresse, augmente par là et fortifie les exhalaisons qui donnent à l'air de l'aliment et delà force.

[37] D'ailleurs le lierre, que les Grecs ont consacré à **Bacchus**, est appelé par les Egyptiens *chénosiris*, c'est-à-dire la plante d'**Osiris**. **Ariston** [1], dans son histoire des colonies athéniennes, rapporte une lettre d'**Alexarque** [2] dans laquelle il était dit que **Bacchus**, fils d'**Isis**, était

appelé par les Egyptiens, non **Osiris**, mais **Arsaphès** (dans la lettre alpha), et que ce nom signifie valeur.

Herméas [3] confirme cette étymologie dans son premier livre sur les Egyptiens, où il dit que le mot **Osiris** désigne la force. Je ne parle point de **Mnaséas**, qui prétend que **Bacchus**, **Osiris** et **Sarapis** sont différents noms d'**Epaphus** [4].

Je laisse aussi **Anticlide** [5], qui fait **Isis** fille de Prométhée et femme de **Bacchus**. Les traits de conformité que nous avons déjà dit se trouver entre les fêtes et les sacrifices qu'on fait pour **Bacchus** et **Osiris**, sont des preuves plus évidentes que les témoignages qu'on pourrait rapporter.

[38] Parmi les astres, Sirius est consacré à **Isis**, parce qu'il nous amène l'humidité. Les Egyptiens honorent aussi le lion, et ils ornent de gueules de lion les portes de leurs temples, parce que le Nil déborde Quand le char du soleil approche du Lion. Comme le Nil est, selon eux, un écoulement d'**Osiris**, ils croient aussi que le corps d'**Isis** est la terre, non pas en général, mais seulement celle que ce fleuve féconde, en la couvrant et se mêlant avec elle.

C'est de cette union qu'ils font naître **Horus** ; et cet **Horus** est la saison ou la température de l'air qui conserve et nourrit tous les êtres. Ils disent qu'il fut nourri par **Latone** dans des marais auprès de Butis ; car une terre bien humectée produit des exhalaisons qui tempèrent l'excès de la chaleur et de la sécheresse.

Ils désignent par **Nephtys** les dernières parties de l'Egypte, celles qui touchent à la mer : aussi lui donnent-ils le nom de *Téleuté* [6], et disent-ils qu'elle est femme de **Typhon**. Lorsque le Nil dans ses débordements s'approche des extrémités de l'Egypte, ils prétendent qu'**Osiris** s'unit avec **Nephtys**; et la preuve de cette union est dans les végétaux qui y croissent, et en particulier dans le mélilot, dont la couronne, tombée de la tête d'**Osiris** et restée dans le lieu même, selon la fable, apprit à **Typhon** l'adultère de sa femme.

Ainsi **Horus** naquit légitimement d'**Isis**, et **Anubis** fut le fruit de l'union illégitime de **Nephtys** avec **Osiris**. Dans l'ouvrage sur la succession des rois d'Egypte [7], il est dit que **Nephtys**, après avoir épousé **Typhon**, fut d'abord stérile. S'ils entendent cette stérilité, non d'une femme mortelle, mais d'une déesse, ils désignent par là une terre que sa dureté rend stérile et infructueuse.

[39] Les embûches que **Typhon** tend à **Osiris**, et la tyrannie de son règne, marquent les effets terribles de la sécheresse, lorsqu'elle domine et qu'elle absorbe l'humidité qui produit le Nil, et qui cause ses débordements.

La reine d'Ethiopie, qui seconde les entreprises de **Typhon**, désigne énigmatiquement le vent du midi, qui souffle de l'Ethiopie. Lorsqu'il est plus fort que les vents étésiens qui poussent les nuées vers l'Ethiopie, et qu'il arrête les pluies qui doivent grossir le Nil, alors **Typhon** a l'avantage, et il dessèche tout par sa chaleur ; il maîtrise le Nil, qui, obligé par sa faiblesse de se resserrer dans son lit, est conduit à la mer par un canal presque insensible.

En effet, le corps d'**Osiris** enfermé dans un coffre ne désigne autre chose que l'affaiblissement et la disparition des eaux du Nil. Aussi disent-ils qu'**Osiris** disparut au mois d'athyr [8], où les vents étésiens ne soufflant pas, le Nil coule dans un lit étroit, et laisse à découvert la terre d'Egypte.

Lorsque les nuits, devenues plus longues, augmentent les ténèbres et affaiblissent sensiblement la lumière, les prêtres, entre plusieurs cérémonies lugubres qu'ils pratiquent, couvrent un bœuf d'or d'un vêtement noir de lin, à cause du deuil de la déesse, et ils le montrent au public pendant quatre jours consécutifs, à compter du 17 du mois, parce qu'ils regardent le bœuf comme l'image vivante d'**Osiris**.

Les quatre jours de deuil ont chacun leur objet. Le premier, ils regrettent l'affaiblissement des eaux du Nil resserré dans son lit ; le second, la fuite des vents du nord forcés de céder à ceux du midi ; le troisième, la diminution du jour, qui devient plus court que la nuit ; le quatrième, l'état de nudité où les arbres laissent la terre, en se dépouillant de leurs feuilles.

La nuit du dix-neuvième jour, ils se rendent au bord de la mer, et, conjointement avec les *stolistes*, ils portent l'arche sacrée qui renferme un vase d'or, avec lequel ils puisent de l'eau douce. Alors tous les assistants poussent de grands cris, en disant qu'**Osiris** est retrouvé.

Ensuite ils détrempent de la terre végétale avec de l'eau commune, dans laquelle ils mêlent les aromates et les parfums les plus précieux. De cette pâte, ils forment une petite figure en forme de croissant ; ils l'habillent et la parent avec soin : cérémonies qui montrent clairement qu'ils regardent ces deux divinités comme les substances de la terre et de l'eau.

[40] Lorsque, après avoir retrouvé **Osiris**, **Isis** élève son fils **Horus**, qu'elle le fortifie par les exhalaisons, par les vapeurs et les nuages dont elle le nourrit, elle triomphe de **Typhon** ; mais elle ne le fait pas périr. Cette déesse

souveraine de la terre n'a garde de laisser détruire la substance opposée à l'humidité : au contraire, elle la relâche et lui rend la liberté, afin qu'elle serve de tempérament à l'autre ; car l'univers ne serait pas parfait, si la substance ignée était abolie.

Si cette interprétation n'est pas destituée de fondement, on ne doit pas rejeter non plus ce qu'ils disent, que **Typhon** a possédé autrefois le partage d'**Osiris** : car anciennement l'Egypte était couverte par la mer ; ce qui le prouve, c'est le grand nombre de coquillages qu'on trouve dans les mines et dans les montagnes.

Toutes les fontaines et tous les puits, quoique très nombreux, contiennent une eau salée et amère, qui prouve que l'eau de la mer s'est rendue dans ces lieux souterrains et y a séjourné. **Horus**, dans la suite, triomphe de **Typhon** ; c'est-à-dire que les pluies étant tombées en abondance, le Nil a repoussé la mer, découvert la plaine, et formé continuellement de nouveaux dépôts de terre.

Nous en avons sous les yeux une preuve frappante. Nous voyons encore aujourd'hui que lorsque ce fleuve apporte un nouveau limon, et dépose de nouvelles couches de terre, la mer se retire peu à peu, parce que les parties basses du terrain de l'Egypte acquièrent de la hauteur par ces nouveaux dépôts de terre que le Nil y forme.

Ce qu'il y a de certain, c'est que Pharos, qui, du temps d'**Homère**, était à une journée de chemin du rivage d'Egypte, en fait aujourd'hui partie ; non sans doute que cette île ait changé de place, et qu'elle se soit approchée de la terre; c'est le fleuve, qui, en comblant l'espace de mer intermédiaire, l'a jointe au continent.

Mais ces explications allégoriques ressemblent à celles

que les stoïciens donnent dans leurs opinions théologiques. Ils disent que l'esprit générateur et nutritif est **Bacchus** ; que l'esprit qui frappe et qui divise est **Hercule** ; que celui qui a la propriété de recevoir est **Ammon** ; que celui qui s'insinue à travers la terre et les fruits est désigné par **Cérès** et **Proserpine** ; qu'enfin celui qui agit sur les mers et les pénètre est **Neptune**.

---

1. Ariston de Chios fut disciple de Zénon le stoïcien, et vivait du temps de Plolémée Évergète.
2. Alexarque est cité dans le traité des Parallèles, t. IV, p. 128; mais je n'ai pu découvrir ni sa patrie ni le temps où il a vécu.
3. Herméas parait être celui dont parle Photius dans sa Bibliothèque, cod. 279. Il était d'Hermopolis, ville d'Egypte, et avait écrit en vers ïambes la description de sa patrie, et peut-être de toute l'Egypte.
4. L'Épaphus, dans la mythologie grecque, était un fils de Jupiter et de la nymphe Io ; mais, chez les Égyptiens, Épaphus était le même qu'Apis, qui avait les plus grands rapports avec Osiris, dont il était l'image vivante.
5. Anticlide était d'Athènes, et avait composé plusieurs ouvrages historiques dont Fabricius donne la liste.
6. Mot grec qui veut dire fin.
7. Cet ouvrage était probablement celui de Manéthon, prêtre égyptien, et dont il ne reste que des fragments.
8. C'était le troisième mois de l'année égyptienne, et II répondait en partie au mois d'octobre et en partie à celui de novembre.

CHAPITRE NEUF

Ceux qui mêlent à ces idées physiques des interprétations tirées de l'astronomie, prétendent que **Typhon** désigne le monde solaire, et **Osiris** le monde lunaire : que la lune, dont la lumière a la faculté d'humecter et de produire, favorise la génération des animaux et la végétation des plantes : que le partage du soleil est de pénétrer de l'ardeur de ses feux les productions de la terre, et de les dessécher : que, par sa chaleur dévorante, il rend la plus grande partie de la terre inhabitable, et que souvent il l'emporte sur la lune elle-même.

Aussi les Egyptiens donnent-ils à **Typhon** le nom de **Seth**, qui signifie une force supérieure et dominante. Ils ajoutent qu'**Hercule**, placé dans le soleil, suit les révolutions de cet astre, et **Mercure** celle de la lune. Les influences de cette dernière planète ressemblent aux opérations de la raison et de la sagesse; celles du soleil ont un caractère de force et même de violence. Ainsi les stoïciens disent que les feux du soleil ont été allumés, et sont alimentés par les exhalaisons de la mer, et que la lune reçoit des fontaines et des lacs des émanations douces et bienfaisantes.

[42] Les Egyptiens placent la mort d'**Osiris** au dix-septième jour du mois d'athyr, époque précise de la pleine lune. Les pythagoriciens appellent ce jour opposition, et ils ont en aversion ce nombre 17, parce que entre le carré 16 et le parallélogramme 18, qui sont les seuls des nombres planes dont les périmètres sont égaux à leurs aires, se trouve le nombre 17, qui sépare ces deux nombres, les obstrue pour ainsi dire, et mettant entre eux la proportion sesqui-octave, les divise en portions inégales.

Les uns disent qu'**Osiris** a régné vingt-huit ans; d'autres, qu'il n'a vécu que ce nombre d'années, et c'est précisément dans ce nombre de jours que la lune achève sa révolution[1].

Dans les cérémonies qui se pratiquent aux funérailles d'**Osiris**, ils coupent du bois, dont ils font un coffre qui a la forme d'un croissant, parce que la lune a cette forme lorsqu'elle se rapproche du soleil et qu'elle disparaît à nos yeux. Les quatorze parties dans lesquelles **Osiris** est coupé, marquent, selon les auteurs de cette explication, le nombre des jours pendant lesquels la lune décroît depuis son plein jusqu'à la néoménie.

Le jour où, se dégageant des rayons solaires, elle commence à paraître, s'appelle bien imparfait. Car **Osiris** aime à faire du bien, et son nom, entre plusieurs autres acceptions, exprime, disent-ils, une qualité active et bienfaisante. Le second nom qu'ils donnent à ce dieu, et qui est celui d'**Omphis**, signifie bienfaisant, suivant l'interprétation qu'en donne Herméas.

[43] Ils veulent aussi que les accroissements du Nil

aient rapport aux jours lunaires. La plus grande hauteur de ses eaux à Eléphantine, est de 28 coudées [2] ; et c'est le nombre de jours que la lune met à faire chaque mois sa révolution. Leur moindre élévation à Mendès et à Xoïs, est de 6 coudées, et répond aux six jours pendant lesquels la lune gagne son premier quartier [3]. La hauteur moyenne, qui, à Memphis est de 14 coudées, lorsque l'inondation est régulière, se rapporte à la pleine lune.

Apis, l'image vivante d'**Osiris**, est engendré par la lumière féconde qui part de la lune, et va frapper la génisse dont elle excite les désirs. Aussi ce taureau a-t-il plusieurs traits de ressemblance avec les formes de la lune, par le mélange des marques claires et obscures qu'il a sur son corps. Dans la nouvelle lune du mois *phaménoth* [4], ils célèbrent une fête, qu'ils appellent l'entrée d'**Osiris** dans la lune; c'est aux premiers jours du printemps.

Ainsi ils placent la vertu de ce dieu dans la lune, et lui donnent pour femme **Isis**, qu'ils regardent comme la faculté générative. Aussi appellent-ils la lune la mère du monde, et lui donnent-ils les deux sexes, parce que, fécondée par le soleil, elle répand et sème à son tour dans les airs les principes de la fécondité. Dans ce système, **Typhon**, principe destructeur de sa nature, n'est pas toujours dominant. Souvent vaincu et enchaîné par la faculté générative, il brise de nouveau ses fers, et fait la guerre à **Horus**. Celui-ci est le monde terrestre, qui n'est jamais sans principe de destruction et de génération.

[44] D'autres philosophes croient que cette fable désigne énigmatiquement les éclipses. La lune, disent-ils, s'éclipse lorsqu'elle est dans son plein, et que, se trouvant en opposition avec le soleil, elle tombe dans l'ombre de la

terre, comme on dit qu'**Osiris** tomba dans le coffre. La lune à son tour cache et éclipse le soleil le dernier jour de sa révolution; mais elle ne le détruit pas, comme **Isis** ne fait pas périr **Typhon**. Après que **Nephtys** a engendré **Anubis**, **Isis** reconnaît l'enfant; car **Nephtys** désigne ce qui est sous terre et qu'on ne voit pas, et **Isis** ce qui est au-dessus de la terre et qui est visible.

Le cercle de l'horizon qui divise ces deux hémisphères, et qui est commun à l'un et à l'autre, s'appelle **Anubis**, et on lui donne la figure d'un chien, parce que cet animal voit aussi bien la nuit que le jour. **Anubis** paraît avoir chez les Égyptiens la même puissance qu'**Hécate** chez les Grecs ; il est tout à la fois dieu du ciel et des enfers.

Quelques uns le prennent pour le Temps, et ils disent qu'on lui a donné le surnom de Chien, parce qu'il produit tout de lui-même et en lui-même. Mais cette explication renferme des secrets réservés pour les adorateurs d'**Anubis**. Anciennement le chien recevait en Egypte les plus grands honneurs; mais après que **Cambyse** eut tué le bœuf **Apis** et l'eut fait jeter à la voirie, aucun autre animal n'ayant touché à son cadavre, le chien perdit le premier rang qu'il avait eu jusqu'alors entre les animaux sacrés.

Il y en a qui donnent le nom de **Typhon** à l'ombre de la terre, dans laquelle la lune tombe quand elle s'éclipse.

Maintenant on peut dire avec assez de probabilité que chacune de ces explications est fausse en particulier, mais que, prises toutes ensemble, elles sont vraies. En effet, ce n'est pas la sécheresse, le vent, la mer et les ténèbres qui sont désignés par **Typhon** :

[45] c'est en général tout ce qui dans la nature est nuisible et principe de destruction. Car il ne faut pas croire

que des corps inanimés aient été les premiers principes de tous les êtres, comme le voulaient **Démocrite** et **Epicure**, ni admettre avec les stoïciens une seule raison, une Providence unique qui ait organisé une matière sans qualité et qui continue de disposer et de gouverner toutes choses. Il est impossible qu'un seul être, bon ou mauvais, soit la cause première de tout ce qui existe, puisque Dieu ne peut être l'auteur d'aucun mal. L'harmonie du monde est, suivant **Héraclite**, *le résultat de mouvements contraires*, comme on tend et on détend tour à tour les cordes d'une lyre ou d'un arc. **Euripide** a dit aussi : *Et du bien et du mal le mélange constant Fait seul de l'univers et l'ordre et l'ornement.*

Il estime opinion qui remonte à la plus haute antiquité, qui, des théologiens et des législateurs, a passé aux poètes et aux philosophes, dont le premier auteur n'est point connu, mais dont la persuasion ferme et inaltérable est établie, non-seulement dans les traditions humaines, mais dans les mystères et les sacrifices, chez les Barbares comme chez les Grecs ; elle nous enseigne que l'univers ne flotte point au hasard, sans être gouverné par une puissance intelligente ; que ce n'est pas une raison unique qui le conserve et le dirige comme avec un frein et un gouvernail ; mais la plupart des êtres qui le composent sont mêlés de bien et de mal ; ou plutôt rien de ce que la nature produit ici-bas n'est exempt de ce mélange.

Ce n'est donc pas un seul et même être qui puise dans deux tonneaux ces contrariétés de la vie, comme des liqueurs différentes, pour les mêler ensemble et les distribuer aux hommes. Mais il faut admettre deux principes contraires, deux puissances rivales, dont l'une marche constamment à droite et sur un plan uniforme; l'autre tire toujours à gauche et suit une direction opposée.

De là ce mélange de bien et de mal dans la vie humaine, comme dans le monde physique, sinon dans l'univers entier, du moins dans ce monde sublunaire, qui, plein d'inégalités et de vicissitudes, éprouve des changements continuels.

Car si rien ne se fait sans cause et qu'un être bon ne puisse produire rien de mauvais, il faut qu'il y ait dans la nature un principe particulier qui soit l'auteur du mal, comme il y en a un pour le bien.

---

1. Ce n'est pas en vingt-huit jours, mais en vingt-neuf et demi, que la lune achevé sa révolution ; et, pour éviter les fractions, on fait alternativement des lunes de vingt-neuf et de trente jours. Ce n'est pas non plus le 17 du mois que la lune est dans son plein, mais du 14 au 15. Ce que Plutarque va dire, que les quatorze parties du corps d'Osiris, coupé par Typhon, désignaient les quatorze jours pendant lesquels la lune décroit, prouve que la lune doit avoir été pleine le 15 ; mais il y a apparence que, comme le moment de la pleine lune, qui est celui de son plus grand éloignement du soleil, représentait l'époque de la mon d'Osiris, les partisans de cette opinion reculaient le plein de la lune au 17 du mois, jour où Osiris avait été enfermé dans le coffre.
2. Éléphantine était une île, avec une ville de même nom, dans l'Egypte supérieure, voisine de l'Ethiopie, et au-dessous de la dernière cataracte en remontant le Nil. Il y avait dans cette ville, comme dans plusieurs autres d'Egypte, un kilomètre dont Strabon donne la description.
3. Mendès était la capitale de la préfecture de son nom, prés d'une des embouchures du Nil, entre Sébennite et Tanis. C'était dans cette ville que le dieu Pan était adoré par les Égyptiens sous le nom de Mendès et sous la forme d'un bouc vivant. Il y avait un temple magnifique et très célèbre, dont on voit encore aujourd'hui des ruines considérables.
4. Le mois phaménoth, le septième de l'année égyptienne, répondait à

la fin de notre mois de février et à une grande partie du mois de mars ; ainsi il finissait au commencement du printemps. Ce mot est composé de pha, le, et de men, lune. La fête qu'on y célébrait était appelée l'entrée d'Osiris dans la lune, parce que alors le soleil et la lune se réunissent sur l'équateur.

CHAPITRE DIX

Presque tous les peuples et surtout les plus sages ont fait profession de cette doctrine.

Les uns ont cru qu'il existe deux divinités qui exercent chacune une autorité rivale, dont l'une produit les biens, et l'autre les maux. D'autres ont donné au meilleur de ces deux principes le nom de Dieu, et au mauvais celui de démon.

Ce fut l'opinion du mage **Zoroastre**, qui vivait, dit-on, cinq mille ans avant la guerre de **Troie**. Il appelait Dieu **Oromase**, et le démon, **Arimanius** ; il ajoutait qu'entre les choses sensibles, c'était à la lumière que le premier ressemblait le plus ; le second aux ténèbres et à l'ignorance; que **Mythra** tenait le milieu entre ces deux principes ; d'où vient que les Perses lui donnent le nom de médiateur.

Zoroastre établit en l'honneur d'**Oromase** des sacrifices de prières et d'actions de grâce, et pour **Arimanius** des sacrifices lugubres, afin de détourner les maux qu'on avait à en craindre.

Les Perses pilent dans un mortier une herbe qui se

nomme *omomi* ; ils invoquent **Pluton** et les ténèbres; ensuite, mêlant cette herbe avec le sang d'un loup qu'ils ont égorgé, ils emportent cette mixtion et la jettent dans un lieu obscur, où le soleil ne pénètre jamais ; ils croient que certaines plantes sont produites par le dieu bon, et d'autres par le mauvais génie.

Parmi les animaux, ils attribuent au premier les chiens, les oiseaux et les hérissons de terre, et au mauvais principe les hérissons d'eau; aussi estiment- ils heureux celui qui en a tué un grand nombre.

[47] Au reste, ils débitent beaucoup de fables sur ces deux divinités, pur exemple, qu'**Oromase** est né de la pure lumière, et **Arimanius** des ténèbres ; ce qui fait qu'ils sont toujours en guerre l'un contre l'autre; que le bon principe a produit six dieux, dont le premier est celui de la *bienveillance*, le second celui de la *vérité*, le troisième de la *justice*, les trois autres ceux de la *sagesse*, de la *richesse* et de cette volupté qui accompagne les actions vertueuses.

Arimanius en a produit un pareil nombre opposés à ceux-là. Ensuite **Oromase**, triplant sa hauteur et s'éloignant du soleil autant que cet astre l'est de la terre, orna le ciel d'étoiles, et plaça **Sirius** à leur tête, comme l'inspecteur et le gardien de tous les astres.

Il créa vingt-quatre autres dieux, qu'il renferma dans un œuf. Les dieux qu'**Arimanius** avait produits percèrent l'œuf, et opérèrent le mélange des biens et des maux. Ils ajoutent que le temps marqué par le Destin approche où **Arimanius**, introduisant dans l'univers la peste et la famine, le fera nécessairement périr tout entier ; qu'alors la terre devenant parfaitement égale et unie, les hommes auront tous un même genre de vie, un même gouvernement et un même langage [1].

Théopompe [2] dit, d'après les mages, que ces deux principes contraires domineront et seront soumis tour à tour pendant l'espace de trois mille ans; qu'ils se feront la guerre et détruiront mutuellement leurs ouvrages durant un pareil nombre d'années ; qu'enfin **Pluton**, ayant succombé pour toujours, les hommes vivront heureux, n'auront pas besoin de nourriture et ne feront point d'ombre ; que le dieu qui a fait toutes ces choses se repose et cesse d'agir pendant un temps qui proprement n'est pas considérable pour un dieu, puisqu'il est déterminé comme l'est celui du sommeil de l'homme.

Telle est la mythologie des mages.

[48] Les Chaldéens supposaient que les planètes étaient autant de dieux, dont deux opéraient le bien, deux étaient malfaisants, et les trois autres participaient des qualités opposées de ces quatre premiers.

La doctrine des Grecs est connue de tout le monde. Ils regardent **Jupiter** *Olympien* comme l'auteur de tout le bien qui se fait, et **Pluton** comme la cause du mal. Ils disent que l'harmonie est née de **Mars** et de **Vénus**. La première de ces divinités est cruelle et farouche, l'autre est douce et sensible.

Les systèmes des philosophes sont conformes à cette doctrine. **Héraclite** dit clairement que la guerre est la mère et la souveraine de toutes choses, et qu'**Homère**, quand il souhaite :

Que sur la terre, au ciel, la discorde périsse,

ne pense pas que, par cette imprécation, il provoque l'anéantissement de tous les êtres, puisqu'ils ne naissent que de l'opposition et de la contrariété. Il ajoute que le soleil lui-même ne franchit jamais les bornes qui lui sont prescrites, qu'autrement

> *Il trouverait bientôt, pour venger la justice, Tisiphone et ses sœurs préparant son supplice.*

Empédocle donne au principe du bien les noms d'amour, d'amitié, souvent même celui d'aimable harmonie, et le principe du mal il le nomme La discorde sanglante et la rixe funeste.

Les pythagoriciens donnent plusieurs noms aux deux premiers principes ; ils appellent celui du bien l'unité, le fini, le stable, le droit, l'impair, le tétragone, l'égal, le côté droit, le lumineux ; le principe du mal ils le nomment la dyade, l'indéfini, le mû, le courbe, le pair, l'oblong, l'inégal, le côté gauche, le ténébreux. Toutes ces qualités, disent-ils, sont les principes des êtres.

Anaxagoras appelle le bon principe intelligence, et le mauvais infini. **Aristote** nomme le premier la forme, et l'autre la privation. **Platon**, qui ordinairement aime à voiler, à envelopper sa doctrine, donne souvent au principe du bien le nom de l'être *toujours le même*, et à celui du mal le nom de l'être *changeant*.

Mais dans son livre des Lois, qu'il composa dans un âge plus avancé, il dit en termes formels, sans énigme et sans allégorie, que le monde n'est pas dirigé par une seule âme, qu'il en a peut-être un grand nombre, mais au moins deux, dont l'une produit le bien, et l'autre, qui est opposée à celle-ci, est la cause du mal.

Il met entre ces deux principes une troisième substance qui n'est privée ni d'âme, ni de raison, ni d'un mouvement qui lui soit propre, comme quelques uns l'ont pensé, mais qui est soumise à l'action des deux autres, et qui désire toujours de suivre la meilleure et de s'y attacher ; c'est ce que vous verrez clairement dans la suite de ce discours, où je vais montrer la conformité du système philosophique de **Platon** avec la théologie des Egyptiens.

[49] Ce monde sublunaire fut formé et organisé de facultés contraires, dont les forces ne sont pas égales, la meilleure domine sur l'autre ; mais il est de toute impossibilité que la faculté qui est le principe du mal soit entièrement détruite, puisqu'elle est fortement attachée au corps et à l'âme de l'univers, qu'elle est toujours opposée au principe du bien et lui fait continuellement la guerre.

Dans l'âme du monde, l'intelligence, la raison, qui est le principe, la cause de tout ce qui se fait de bien, est **Osiris**. Dans le corps, c'est-à-dire dans la terre, dans les vents, dans l'eau, dans le ciel et dans les astres, tout ce qui est régulier, stable et salutaire par rapport aux saisons, aux températures et aux retours périodiques des phénomènes naturels, est un écoulement et une image sensible d'**Osiris**.

De même **Typhon** désigne tout ce qui dans l'âme du monde est sujet à l'influence des passions, tout ce qui est violent, déraisonnable et tumultueux, et dans le corps tout ce qui est vicieux, faible et désordonné, comme les vicissitudes et les intempéries des saisons, les éclipses de soleil et de lune, sont des écarts de **Typhon** et portent l'empreinte de son caractère.

C'est ce que prouve le nom de **Seth** qu'on donne à **Typhon**, qui ordinairement signifie domination, violence, et qui souvent désigne un pouvoir qui renverse tout, qui franchit toutes les bornes. Quant au nom de **Bébon** qu'on lui donne aussi, les uns disent que ce fut celui d'un des compagnons de **Typhon**, et **Manéthon** prétend que c'est celui de **Typhon** même. Il veut dire obstacle, empêchement, et exprime que la puissance de **Typhon** s'oppose au cours naturel des choses et les détourne du but de perfection auquel elles tendent.

[50] Aussi, entre les animaux domestiques, lui a-t-on consacré l'âne, le plus stupide de tous, et parmi les animaux sauvages, le crocodile et l'hippopotame, qui sont les plus féroces. Nous avons précédemment assez parlé de l'âne.

A Hermopolis, on voit une figure de **Typhon** sous la forme d'un hippopotame, sur lequel est un épervier qui se bat contre un serpent.

Le premier décès animaux désigne **Typhon** ; l'épervier marque la puissance et l'autorité que ce mauvais génie obtient souvent par la violence, et dont il use dans sa méchanceté pour troubler les autres, comme il l'est toujours lui-même ; aussi, dans les sacrifices qu'ils lui font le 7 du mois tybi [3], jour qu'ils appellent le retour d'**Isis** de Phénicie, ils représentent sur les gâteaux qu'ils lui offrent un hippopotame enchaîné.

Dans la ville d'**Apollon** chaque citoyen est obligé par la loi de manger du crocodile un certain jour de l'année. Ils prennent le plus qu'ils peuvent de ces animaux, et après les avoir tués, ils les jettent devant le temple de ce dieu, et donnent pour raison de cet usage que **Typhon**, changé en crocodile, échappa à **Horus** par la fuite.

Ainsi ils regardent tout ce qu'il y a de mauvais et de nuisible dans les animaux, dans les plantes et dans le monde moral, comme des productions de **Typhon**, comme des portions de lui-même, comme des effets de son influence.

---

1. Ce temps prédestiné est la fin des douze mille ans que le temps sans bornes a livrés à Ormusd et à Ahriman. La théologie parse nous explique comment l'empire de ce dernier agent doit être détruit par les maux mêmes qu'il a introduits. Ahriman n'exerce sa puissance que sur le inonde; les fléaux dont il l'accable ruinent donc son propre empire; la mort délivre les justes et épuise la malice et le pouvoir de leur persécuteur. Plutarque dit qu'Ahriman disparaîtra entièrement. Il n'est pas étonnant qu'il se soit trompé sur ce point, c'est même encore la croyance de plusieurs Perses; mais on va voir Théopompe s'expliquer plus exactement. Le tableau que Plutarque trace ensuite du bonheur dont les hommes jouirent après le renouvellement de la nature, ressemble à ce qu'on lit à ce sujet dans les livres zends.
2. Historien célèbre né dans l'île de Chio, et qui florissait du temps de Philippe de Macédoine. Il dut sa plus grande réputation à ses ouvrages historiques, qui lui méritèrent le premier rang après Hérodote et Thucydide. Son histoire comprenait les dernières années de la guerre du Péloponnèse et les actions de Philippe.
3. Ce mois égyptien répondait en partie à notre mois de décembre et en partie au mois de janvier.

CHAPITRE ONZE

Ils représentent **Osiris** par un *œil* et un *sceptre* ; le premier de ces emblèmes marque la prévoyance, et le second l'autorité.

Ainsi, quand **Homère** nomme **Jupiter**, qui est le roi, le maître de toutes choses, *Suprême conseiller*, il explique sans doute par le premier terme la souveraineté de ce dieu, et par le second sa sagesse et sa prudence.

Quelquefois, pour désigner **Osiris**, ils peignent un épervier, parce que cet oiseau a la vue très perçante, que son vol est rapide et qu'il digère très promptement. On ajoute qu'il jette de la terre sur les yeux des cadavres qui sont restés sans sépulture, en voltigeant au-dessus d'eux. Lorsqu'il s'abat sur le Nil pour y boire, il tient son aile élevée, et après avoir bu, il la baisse, ce qui prouve qu'il a évité le crocodile ; car, lorsqu'il est saisi par cet animal, son aile reste élevée.

Souvent aussi ils peignent **Osiris** sous une forme humaine, avec le signe de la génération droit, pour désigner la vertu qu'il a de produire les êtres et de les conserver.

Ses images sont couvertes d'un voile couleur de feu, parce qu'ils regardent le soleil comme le corps du bon principe, comme l'expression visible de la substance intellectuelle.

Il faut donc rejeter l'opinion de ceux qui assignent à **Typhon** la sphère du soleil, tandis que rien de brillant, de salutaire et de régulier, aucune production, aucun mouvement fait avec règle et avec mesure ne sauraient convenir à ce génie, et qu'il a pour attributs les qualités contraires. Cette chaleur brûlante, qui souvent fait périr les animaux et les plantes, n'est pas l'ouvrage du soleil ; elle est produite par les vapeurs et les vents qui s'élèvent hors de saison sur la terre et dans les airs, et y forment des combinaisons nuisibles quand la faculté irrégulière et désordonnée du mauvais principe étouffe, par ses funestes influences, les exhalaisons qui auraient pu tempérer la chaleur.

[52] Dans leurs hymnes sacrées en l'honneur d'**Osiris**, ils invoquent celui qui se cache dans les bras du soleil, et le dernier jour du mois *épiphi* [1], où la lune et le soleil sont en conjonction, ils célèbrent la naissance des yeux d'**Horus**, parce qu'ils regardent non-seulement la lune, mais encore le soleil comme l'œil et la lumière de ce dieu.

Le 23 du mois phaophi [2], après l'équinoxe d'automne, ils célèbrent la naissance des bâtons du soleil, pour désigner que cet astre qui s'éloigne obliquement de nous, et qui a souffert une diminution de chaleur et de lumière, a besoin, pour ainsi dire, de soutien et d'appui.

Ensuite, vers le solstice d'hiver, ils portent en procession une vache avec laquelle on fait sept fois le tour du temple ; et cette course s'appelle la recherche d'**Osiris**, parce que dans cette saison d'hiver, la déesse désire la chaleur du soleil ; et ils font faire sept fois le tour du temple à la vache, parce que le soleil n'arrive que le septième mois du solstice d'hiver à celui d'été.

On dit aussi qu'**Horus**, fils d'**Isis**, fut le premier qui sacrifia au soleil le quatrième jour du mois [3], comme il est rapporté dans le livre de la naissance d'**Horus**.

Chaque jour ils font trois sacrifices au soleil. Au lever de cet astre ils brûlent en son honneur de la résine, à midi de la myrrhe, et à son coucher un parfum qu'ils appellent *kyphi*. Je dirai plus bas les motifs dé ces trois sortes d'offrandes. Ils croient par ces sacrifices honorer le soleil et se le rendre favorable ; mais qu'est-il besoin de recueillir beaucoup de traits semblables?

Quelques auteurs ne disent-ils pas ouvertement qu'**Osiris** est le soleil, qu'il est appelé **Sirius** par les Grecs, et que l'addition que les Égyptiens ont faite de la lettre "O" devant ce dernier nom a seule occasionné sur ce point du doute et de l'obscurité?

Ils disent aussi qu'**Isis** n'est pas différente de la lune, et ils en donnent pour preuve que dans ses images les cornes qu'elle porte désignent la lune dans son croissant ; que les voiles noirs dont on les couvre marquent les éclipses de cette planète et l'obscurité dans laquelle elle tombe en cherchant le soleil.

Aussi invoquent-ils la lune pour le succès de leurs amours ; et **Eudoxe** dit qu'**Isis** présidait à la tendresse. Cette opinion a du moins de la vraisemblance ; pour ceux qui disent que **Typhon** est le soleil, ils ne méritent pas même d'être écoutés. Mais revenons à notre sujet.

[53] **Isis** est dans la nature comme la substance femelle, comme l'épouse qui reçoit tous les germes productifs. **Platon** dit qu'elle est le récipient universel, la nourrice de tous les êtres. Plus communément on l'appelle **Myrionyme**, parce que la raison divine la rend capable de prendre toutes sortes de formes.

Elle a un amour inné pour le premier être, le souverain de toutes choses, qui est le même que le bon principe ; elle le désire, elle le recherche; au contraire, elle fuit, elle repousse le principe du mal ; et quoiqu'elle soit le récipient, la matière des opérations de l'un et de l'autre, cependant elle a toujours une pente naturelle vers le meilleur des deux ; elle s'offre à lui volontiers, afin qu'il la féconde, qu'il verse dans son sein ses influences actives, qu'il lui imprime sa ressemblance.

Elle éprouve une douce joie, un vif tressaillement, lorsqu'elle sent en elle les gages certains d'une heureuse fécondité ; car la production des êtres est l'image de la substance qui la rend féconde, et l'être produit est la représentation du premier être imprimée dans la matière.

[54] Ce n'est donc pas sans raison qu'ils disent que l'âme d'**Osiris** est éternelle et incorruptible, mais que son corps est souvent déchiré et dispersé par **Typhon**, et qu'**Isis** le cherche de tous côtés, pour en réunir les parties séparées. Car l'Être par essence, la substance purement intelligible, le souverain bien, est supérieur à tout changement et à toute corruption.

La nature corporelle et sensible reçoit de lui des idées, des formes et des images qui sont imprimées en elle comme les sceaux sur la cire; mais elles n'y subsistent pas toujours, entraînées par cette faculté désordonnée et turbulente qui, bannie du ciel dans ce monde sublunaire, combat contre **Horus**, qu'**Isis** engendre pour être l'image sensible du monde intellectuel.

Aussi est-il accusé par **Typhon** d'illégitimité, parce qu'il n'est point parfaitement pur et exempt de toute corruption, comme son père, dont la substance est par elle-même sans passion et sans mélange; au lieu que l'union d'Horus avec la nature corporelle a mis dans sa naissance une sorte d'illégitimité.

Mais il triomphe par le secours de **Mercure**, c'est-à-dire de la raison, qui atteste et qui prouve que la nature a formé le monde à l'image de la substance intelligible.

Quand ils disent qu'**Isis** et **Osiris** donnèrent naissance à **Apollon** pendant que les dieux étaient encore dans le sein de **Rhéa**, ils font entendre d'une manière allégorique qu'avant que le monde fût rendu visible, avant que la matière reçût de la raison divine sa dernière forme, convaincue par la nature qu'elle était imparfaite en elle-même, elle enfanta sa première production.

[55] Aussi disent-ils que ce dieu naquit mutilé dans les ténèbres, et ils l'appellent le vieux **Horus**, parce qu'il n'est pas le monde même, mais seulement une image, et comme une ébauche du monde qui devait être formé.

L'autre **Horus** est fini et parfait ; il ne détruit pas entièrement **Typhon** , il lui ôte seulement sa force et son activité ; c'est ce que signifie une statue d'**Horus** qu'on voit à Coptos et qui tient dans une de ses mains le phallus de **Typhon**.

Ils disent encore que **Mercure** ayant ôté à **Typhon** ses nerfs, en fit des cordes pour sa lyre, ce qui veut dire que lorsque l'intelligence suprême organisa le monde, son harmonie fut le résultat de parties discordantes, et au lieu d'anéantir la force destructive du mauvais principe, elle se contenta de la mutiler ; aussi est-elle faible et languissante dans ce monde, où elle est mêlée et comme liée à des substances susceptibles de changement et d'affections diverses.

De là vient qu'elle produit sur la terre des tremblements et des secousses violentes, et dans l'air des chaleurs brûlantes, des vents impétueux, des tourbillons et des foudres ; son souffle pestilentiel infecte les eaux et l'air qu'on respire; elle porte jusqu'au globe lunaire ses funestes influences, et répand le trouble et l'obscurité sur sa brillante lumière ; c'est ce que désignent les Egyptiens lorsqu'ils disent que **Typhon** tantôt frappe l'œil d'**Horus**, tantôt le lui arrache, et qu'après l'avoir avalé, il le rend au soleil.

Par les coups dont il le frappe, ils entendent les diminutions que la lune éprouve chaque mois ; et par la privation totale de *l'œil*, l'éclipse de celte planète, que le soleil répare en l'éclairant de nouveau, dès qu'elle s'est dégagée de l'ombre de la terre.

---

1. Le mois épiphi, ou, selon d'autres, éphi, répondait en grande partie à noire mois de juin et au commencement de juillet.
2. Ce mois était le onzième de l'année égyptienne, et cette fête avait pour objet Horus, le soleil du solstice, avec lequel ce mois concourait. « Horus, dit M. Gébelin, fils d'Isis el d'Osiris, et vainqueur de Typhon, est l'âme de l'univers, ou le monde ; ses yeux sont le soleil et la lune. Aussi, dans les hymnes d'Osiris, on invoque et on célèbre celui-ci comme celui qui se repose dans les bras du soleil. »
3. Le nom du mois manque dam cet endroit. Markland propose d'ajouter celui de phaophi ; et Squire croit que ce sacrifice se faisait le quatrième jour de chaque mois.

CHAPITRE DOUZE

L a nature la plus parfaite, et, pour ainsi dire, la plus divine, est composée de trois sortes d'êtres, de la substance intelligible, de la matière, et du produit de ces deux causes, que les Grecs appellent le monde.

Platon donne à l'être intelligible les noms d'idée, de modèle et de père; à la matière, ceux de mère, de nourrice, d'espace et de récipient de la génération : le composé des deux, il a coutume de l'appeler l'engendré, le produit.

On peut conjecturer que les Égyptiens regardent le triangle rectangle comme le plus beau de tous, et que c'est surtout à cette figure qu'ils comparent la nature de l'univers.

Platon l'a aussi employée clans sa *République*, pour représenter le mariage sous une figure géométrique. Il le peint par un triangle rectangle, dont la perpendiculaire vaut 3, la base 4, et la sous-tendante 5, et où le carré de celle-ci est égal au carré des deux autres côtés pris ensemble.

Il faut donc concevoir que dans ce triangle la perpendiculaire désigne la nature mâle, la base la substance femelle, et la sous-tendante le produit des deux.

Ainsi **Osiris** est le premier principe, **Isis** est la substance qui en reçoit les influences, et **Horus** l'effet qui résulte de l'opération de l'un et de l'autre ; car 3 est le premier nombre impair et parfait ; 4 est le carré de 2, premier nombre pair ; et 5, composé des deux autres nombres 3 et 2, a une relation commune, et avec le père et avec la mère[1].

Le nombre 3 a formé chez les Grecs le nom de l'univers, et dans leur langue il exprime en général l'idée de calcul. Multiplié par lui-même, il produit un carré égal au nombre des lettres égyptiennes, et à celui des années que vit le bœuf **Apis** [2].

Ils ont coutume d'appeler **Horus** *Caimin*, nom qui signifie *ce qui est vu*, parce que le monde est sensible et visible. Ils appellent **Isis** tantôt *Muth*, tantôt *Athuri*, tantôt *Méthyer*. Le premier de ces noms signifie mère, le second l'habitation mondaine d'**Horus**, ou, comme **Platon** a dit, l'espace et le récipient de la génération ; le troisième nom est composé de deux mots qui veulent dire *plein* et *cause* ; car la matière du monde est pleine, et elle est unie au principe, dont la bonté, la pureté et l'ordre sont les caractères.

[57] Peut-être aussi qu'**Hésiode** ne suppose pas d'autres principes que ceux-là, lorsqu'il dit que le chaos, la terre, le Tartare et l'amour ont donné l'origine à tous les êtres ; et en appliquant les noms comme nous avons fait jusqu'ici, **Isis** est la terre, **Osiris** l'amour, et **Typhon** le Tartare. Pour le chaos, **Hésiode** semble avoir désigné par là le lieu ou l'espace destiné à recevoir l'univers.

Cette doctrine rappelle ici naturellement la fable que

Socrate raconte dans le *Banquet* de **Platon** sur la naissance de l'Amour. Il dit que la Pauvreté, désirant d'avoir des enfants, saisit un moment où le dieu de l'abondance dormait, et s'étant mise dans son lit, elle conçut, et mit au monde l'Amour, dont le caractère est un mélange de qualités opposées et se prête à toutes les formes, comme étant né d'un père bon et sage, qui trouve en lui seul toutes ses ressources, et d'une mère indigente, incapable de fournir à ses besoins ; que sa pauvreté fait toujours recourir à autrui pour se procurer ce qui lui manque.

En effet, le dieu de l'abondance n'est ici autre chose que le premier bien qui mérite d'être aimé et recherché, qui est parfait et se suffit à lui-même. Par la pauvreté il désigne la matière, qui de sa nature est dans un besoin continuel du bon principe, et qui, lors même qu'il l'a fécondée, désire tans cesse d'en recevoir les influences.

De ces deux principes est né le monde, où **Horus**, qui n'est ni éternel, ni immuable, ni incorruptible, mais qui, toujours renouvelé, parvient par ces changements mêmes et par ces révolutions, à se conserver dans une jeunesse perpétuelle et à éviter sa destruction.

[58] Au reste, il faut faire usage de ces fables, non comme si elles pouvaient nous instruire à fond, mais seulement pour prendre dans chacune les traits de ressemblance qui servent à éclaircir le sujet qu'on traite. Lors donc que nous parlons de la matière, il ne faut pas, comme quelques philosophes, entendre un corps privé d'âme et de qualité, qui par sa nature soit sans mouvement et sans activité.

Nous disons que l'huile est la matière des essences, et l'or celle des statues ; mais ils ne sont ni l'un ni l'autre dépourvus de toute qualité. L'âme et l'intelligence sont, dans l'homme, la matière de la science et de la vertu ; et nous les remettons, pour ainsi dire, entre les mains de la raison, qui les polit et leur donne la forme convenable.

Quelques philosophes ont dit que notre âme est le siège de nos idées, et comme la forme où sont imprimées nos connaissances. Il y en a même qui croient que les germes reproductifs dans la femme n'ont point une faculté active de fécondité, et qu'ils ne servent que de matière au principe générateur et d'aliment au fœtus.

D'après cette doctrine, nous devons penser que la déesse [3], une fois unie au dieu suprême, est sans cesse entraînée vers lui par l'amour de son excellence et de sa perfection, et ne lui est jamais opposée.

Comme une femme honnête, lors même qu'elle jouit de la société de son époux, ne laisse pas que d'avoir toujours pour lui les plus vifs désirs, de même la déesse, quoique remplie des influences les plus pures et les plus parfaites du dieu, en désire toujours la communication et le recherche avec empressement.

[59] Lorsque **Typhon** s'empare des extrémités de l'univers, alors **Isis** paraît dans le deuil et dans les larmes ; elle cherche les restes de son époux, et à mesure qu'elle les trouve, elle les recueille avec soin et les cache aux yeux de son ennemi, dans l'état même de déchirement où ils sont, pour marquer qu'elle reçoit dans son sein les substances qui périssent, pour les en faire sortir ensuite et les reproduire de nouveau ; car les raisons, les images et les émanations de la Divinité, qui brillent dans le ciel et dans les astres, y sont dans un état permanent ; mais celles qui sont disséminées sur la terre, dans la mer, dans les plantes et les animaux, dans tous les corps sujets au changement, y sont

altérées, détruites, consumées ; souvent aussi elles sont reproduites et rendues à la lumière.

C'est ce que la Fable désigne quand elle dit que **Nephtys** fut femme de **Typhon**, et qu'ensuite elle eut un commerce secret avec **Osiris**; car les dernières parties de la matière, qu'ils appellent **Nephtys** et **Téleuté**, sont sous l'empire d'un pouvoir destructeur.

Mais le principe qui produit et qui conserve ne leur communique que des influences faibles et languissantes, qui sont même détruites par **Typhon**, excepté les portions qu'**Isis** en recueille, qu'elle conserve, qu'elle nourrit, et à qui elle donne de la consistance.

[60] Cependant **Horus** reprend en général la supériorité, comme l'ont cru **Platon** et **Aristote**. C'est vers lui que tend la faculté générative et conservatrice de la nature pour produire les êtres, tandis que la faculté qui les détruit et les corrompt s'éloigne de lui par une direction toute contraire.

Le nom d'**Isis** est donc donné à la déesse parce qu'elle procède et agit avec *science*, qu'elle est un *mouvement* animé que la prudence dirige.

Ce nom n'est pas d'une origine barbare ; mais comme *Théos*, le nom commun de tous les dieux, a été formé de deux mots grecs dont l'un signifie *regarder* et l'autre *courir*, ainsi le nom de cette déesse est composé de ces deux mots : *science* et *mouvement* ; et les Grecs, comme les Egyptiens, l'appellent **Isis**.

Platon dit aussi que les anciens, par le nom d'**Isia**, ont voulu désigner la substance ; et que les noms qu'ils ont donnés à l'intelligence et à la prudence expriment que ces facultés sont comme le mouvement et l'activité de l'âme.

Les mots *aller* et *comprendre*, ceux de *bien* et de *vertu*, tirent leur origine des mots *couler* et *courir*. Ils donnaient les dénominations contraires aux choses qui retardaient la marche de la nature, et qui semblaient retenir et enchaîner son action ; ils les désignaient par les mots *méchanceté, indigence, timidité, inaction*.

---

1. On a vu que, dans ce triangle, la perpendiculaire désigne la nature mâle, ou Osiris; la base, la substance femelle, ou Isis; la sous-tendante, le monde produit des deux ou Horus. Le père et la mère sont donc ici Osiris et Isis, et leur production commune, c'est-à-dire le monde exprimé par 5, a en soi, au moins en partie, les qualités de l'un et de l'autre.
2. Le nombre d'années fixé pour la vie du bœuf Apis était de vingt-cinq ans. S'il mourait avant ce terme, on lui faisait des funérailles magnifiques. lorsqu'il était arrive à l'âge que les livres sacrés avaient prescrit à sa vie, on noyait le dieu, et on en cherchait un autre tout pareil pour le remplacer.
3. C'est Isis qui représentait la matière.

CHAPITRE TREIZE

Le nom d'**Osiris** est composé de deux mots grecs dont l'un veut dire *saint* et l'autre *sacré*[1].

Toutes les substances qui sont au ciel et dans les enfers ont un rapport commun; et les anciens donnaient à celles-ci le nom de *sacré*, et aux premières celui de *saint*.

Le dieu qui fait connaître le rapport des substances célestes avec les substances de la région souterraine est appelé tantôt **Anubis**, tantôt **Hermanubis** ; le premier de ces noms désigne la relation des substances supérieures, et le second celle des substances inférieures.

Ils sacrifient au premier un coq blanc, et au second un coq de couleur jaune. Le premier de ces animaux désigne la clarté et la pureté des substances célestes ; l'autre marque le mélange et la variété qui caractérisent les substances souterraines.

Au reste, il ne faut pas s'étonner que ces noms tirent leur signification de la langue grecque; on en trouve chez les nations étrangères un grand nombre d'autres qui y ont été transportés de la Grèce, et qui, s'y étant naturalisés, y subsistent encore aujourd'hui.

Les poètes qui en rappellent quelques uns à leur langue naturelle, se font accuser de barbarisme par ceux qui donnent à ces mots le nom de gloses, ou termes étrangers.

Dans les livres attribués à **Mercure**, il est dit au sujet des noms sacrés, que la puissance qui préside aux révolutions du soleil est appelée **Horus** par les Egyptiens, et **Apollon** par les Grecs; que celle qui dirige l'action de l'air se nomme **Osiris** ou **Sérapis**, et en langue égyptienne **sothi**, terme qui signifie grossesse, comme le mot grec *kuein*, d'où les Grecs ont fait dans leur langue celui de *kuon*, chien, nom de l'astre auquel **Isis** préside.

Il ne faut pas disputer sur les mots; mais je croirais que le nom de **Sérapis** est égyptien, plutôt que celui d'**Osiris** : le premier est étranger, l'autre est grec; mais ils n'expriment l'un et l'autre qu'un même dieu et une même faculté.

Les noms égyptiens eux-mêmes ont une analogie sensible avec ceux de notre langue. On donne souvent à **Isis** le nom d'**Athéné**, qui, en égyptien, signifie : *Je suis venue de moi-même* ; ce qui exprime que le mouvement est propre à cette déesse.

Typhon, comme on l'a déjà dit, porte les noms de **Seth**, de **Bébon** et de **Smu**, termes qui veulent dire obstacle, empêchement violent, contrariété, renversement.

Ils disent aussi que la pierre d'aimant est un des os d'**Osiris**, et le fer un des os de **Typhon** ; c'est **Manéthon** qui nous l'apprend. Comme le fer est souvent attiré par l'aimant et le suit sans résistance , que souvent aussi il s'en éloigne et prend une direction contraire, de même le mouvement du monde, qui, dirigé par la raison, est salutaire et bienfaisant, attire par la persuasion, adoucit et rend flexible le mouvement indocile et désordonné de **Typhon**, qui ensuite, se repliant sur lui-même, se détourne de ce premier mouvement, et retombe dans l'opposition naturelle qu'il a pour lui.

Les Egyptiens, au rapport d'**Eudoxe**, disent que **Jupiter** étant né avec les jambes collées l'une contre l'autre, en sorte qu'il lui était impossible de marcher, la honte qu'il avait de cette difformité le faisait vivre dans la solitude. Mais la déesse **Isis** lui ayant séparé ces parties de son corps, lui procura une marche libre et facile.

Cette fable nous fait entendre que l'intelligence, la raison du dieu suprême, qui habitait en elle-même dans un lieu invisible et impénétrable à nos sens, fut déterminée par le mouvement à la production des êtres.

[63] Le *sistre* [2] signifie aussi que tous les êtres doivent toujours être en mouvement et dans l'agitation ; qu'il faut les exciter fortement, et comme les réveiller de l'état de langueur et d'engourdissement dans lequel ils commencent à tomber.

Ils disent que le son de cet instrument éloigne et met en fuite **Typhon**, c'est-à-dire que, comme le principe de corruption arrête et enchaîne le cours de la nature, au contraire la cause génératrice, par le moyen du mouvement, lui rend sa liberté et sa première vigueur.

La partie supérieure du *sistre* est d'une forme convexe, et sa circonférence contient quatre lames de métal que l'on frappe; car la portion du monde qui est sujette à la génération et à la corruption est renfermée dans la région sublunaire; étions les mouvements, toutes les variations qu'elle éprouve sont l'effet de la combinaison des quatre éléments, le feu, la terre, l'air et l'eau.

Au sommet de la convexité du *sistre* est la figure d'un chat à face humaine; et au bas de l'instrument, au-dessous des lames de métal, on voit d'un côté la figure d'**Isis**, et de l'autre celle de **Nephtys**. Ces deux figures sont symboliques, et désignent la génération et la corruption, qui, comme on vient de le dire, ne sont que les mouvements et les changements divers des quatre éléments.

Le chat est l'emblème de la lune par la variété de ses couleurs, par son activité durant la nuit, et par sa fécondité. On dit qu'à sa première portée il fait un petit, à la seconde deux, puis trois, puis quatre, ensuite cinq, et ainsi en augmentant à chaque portée, jusqu'à sept : ce qui fait en tout vingt- huit, nombre égal à celui des jours de la lune.

Au reste, ceci peut bien n'être qu'une fable ; mais il paraît certain que les prunelles de ses yeux se remplissent et se dilatent à la pleine lune, et qu'elles se contractent et diminuent au décours de cet astre.

La face humaine qu'on donne au chat montre que les changements que la lune éprouve sont dirigés par une faculté raisonnable et intelligente.

[64] En un mot, il ne faut pas croire que l'eau, le soleil, la terre, le ciel, soient **Osiris** et **Isis**, ni que le feu, la sécheresse, la mer, soient **Typhon**. Ce qu'il y a de raisonnable en cette matière, c'est d'attribuer à **Typhon** ce qui, dans ces différentes substances, pèche, soit par excès, soit par défaut, contre l'ordre et la règle ; au contraire, tout ce qui est bien ordonné, tout ce qui est bon et utile, il faut le regarder comme l'ouvrage d'**Isis**, comme la représentation, l'image et l'idée d'**Osiris**, et à ce titre, le respecter et l'ho-

norer; c'est le moyen d'éviter toute erreur, et de mettre fin aux doutes et aux incertitudes d'**Eudoxe**, qui est en peine de savoir pourquoi ce n'est pas **Cérès** plutôt qu'**Isis** qui préside aux amours; pourquoi **Bacchus** n'a le pouvoir ni de faire déborder le Nil, ni de commander dans la région des morts; car nous croyons qu'**Osiris** et **Isis**, dirigés par une seule et même raison, gouvernent l'empire du bien et sont les auteurs de tout ce qu'il y a de beau et de parfait dans la nature.

Osiris en donne les principes actifs, **Isis** les reçoit de lui et les distribue à tous les êtres.

[65] Nous réfuterons de la même manière les opinions vulgaires et ridicules de ceux qui veulent expliquer ce qu'on raconte de ces deux divinités, par les variations que l'air éprouve dans les diverses saisons de l'année, par la production des fruits, par les semailles et par le labourage.

Ils disent qu'**Osiris** est enseveli quand on cache la semence dans la terre, qu'il retourne à la vie et se montre de nouveau lorsque les germes commencent à pousser ; c'est pourquoi, ajoutent-ils, lorsque **Isis** se reconnut enceinte, elle suspendit à son cou une amulette le sixième jour du mois de *phaophi* ; vers le solstice d'hiver elle mit au monde **Harpocrate** dans un état de faiblesse et d'imperfection semblable à celui des premiers germes et des premières fleurs qui commencent à se développer.

C'est pour cela qu'on offre à ce dieu les prémices des fleurs naissantes [3] ; enfin, après l'équinoxe du printemps, ils célèbrent une fête en mémoire des couches d'**Isis**.

Le vulgaire saisit avidement ces sortes d'explications, et y donne une entière confiance, séduit par la vraisemblance qu'il trouve dans des idées avec lesquelles il est familier.

---

1. L'amour de Plutarque pour sa langue maternelle lui fait oublier ici qu'il a dit plus haut que le nom d'Osiris, dans la langue égyptienne, à laquelle ce mot doit naturellement appartenir, signifie qui a beaucoup d'yeux.
2. Le sistre était un instrument qu'on croit avoir été inventé par les Egyptiens, et dont M. Burette pense que les anciens se servaient pour battre la mesure.
3. C'était dans le dernier mois de l'année égyptienne, nommé messori, qu'on célébrait cette fête d'Harpocrate.

CHAPITRE QUATORZE

Ce ne serait pas, à la vérité, un grand inconvénient s'ils laissaient du moins ces deux divinités communes à tous les hommes, au lieu de les attribuer en propre aux Egyptiens ; si, en donnant exclusivement leurs noms au Nil et à cette portion de terre que le Nil arrose, en disant que les marais et les lotus de leur contrée sont seuls l'objet de cette fable, ils ne privaient de la protection de ces dieux puissants le reste du genre humain, qui n'a ni le Nil, ni **Butis**, ni **Memphis**, et qui cependant connaît **Isis** et les autres divinités qui l'accompagnent ; il est même des peuples qui en ont appris depuis peu les noms égyptiens. Mais ils savaient, depuis leur origine, quelle était l'influence de chacun de ces dieux, et ils leur rendaient un hommage public.

Un second inconvénient, d'une plus grande conséquence, c'est qu'à moins d'une précaution extrême, il est à craindre que, sans le vouloir, ils n'anéantissent toutes les divinités en les identifiant avec les vents, les rivières, les semences, le labourage, les changements de la terre et les variétés des saisons, comme font ceux qui prennent **Bacchus** pour le vin, et **Vulcain** pour le feu.

Ainsi **Cléanthe** dit quelque part que **Proserpine** n'est autre chose que l'air qui pénètre les fruits de la terre et qui s'y incorpore. Un poète a dit en parlant des moissonneurs : *Cérès de toutes parts tombe sous leurs faucilles.*

Ils ne diffèrent point de ceux qui confondraient les voiles, les cordages et les ancres d'un navire avec le pilote, les fils et la trame d'une toile avec le tisserand, les émulsions, les boissons purgatives et la tisane avec le médecin.

Ajoutez à cela qu'ils donnent lieu à des opinions impies et funestes, en communiquant les noms des dieux à des êtres insensibles, privés de toute intelligence, qui sont nécessairement détruits par l'usage que les hommes en font pour leurs besoins, et que par conséquent il est impossible de regarder comme des dieux.

[67] Car Dieu n'est pas un être privé de vie et de raison, et qui soit accessible à nos sens. Mais comme les dieux sont les auteurs de ces fruits, et qu'ils nous les fournissent avec autant d'abondance que d'assiduité pour tous les besoins de la vie, nous reconnaissons à cela qu'ils sont dieux, et nous ne croyons pas qu'ils soient différents chez les différentes nations ; qu'il y en ait de particuliers pour les Barbares et pour les Grecs, pour les peuples du Nord et pour ceux du Midi.

Comme le soleil, la lune, le ciel, la terre et la mer sont communs à tous les hommes, quoique chaque nation leur donne des noms différents, de même cette raison suprême qui a formé l'univers, cette Providence unique qui le gouverne, ces génies secondaires qui en partagent avec elle l'administration, ont, chez les divers peuples, des dénominations et des honneurs différents que les lois ont réglés.

Les prêtres consacrés à leur culte les représentent sous des symboles, les uns plus obscurs, les autres plus sensibles, mais qui tous nous conduisent à la connaissance des choses divines.

Au reste, cette route n'est pas sans danger; les uns, s'égarant du vrai chemin, sont tombés dans la superstition ; les autres, en voulant éviter les marais fangeux de la superstition, se sont jetés aveuglément dans le précipice de l'athéisme.

[68] Il faut donc que la raison et la philosophie nous servent de guides pour nous initier aux mystères, afin de n'avoir que des pensées pieuses sur les discours qu'on y entend et sur les cérémonies qu'on y voit pratiquer.

Théodore [1] disait que la plupart de ses auditeurs prenaient à gauche les leçons qu'il leur donnait à droite. Nous de même, si nous prenons en sens contraire ce que les lois ont sagement établi par rapport aux sacrifices et aux fêtes religieuses, nous tomberons dans des erreurs grossières.

Dans le culte de ces deux divinités, tout doit être examiné au flambeau de la raison, comme le prouvent les pratiques suivantes. Le 19 du premier mois [2], ils célèbrent, en l'honneur de **Mercure**, une fête dans laquelle ils mangent du miel et des figues, en disant : *Douce est la vérité* [3].

Le talisman qu'**Isis** suspendit à son cou, selon la Fable, pendant le temps de sa grossesse, signifie : *Parole véritable*.

Harpocrate n'est point un dieu imparfait dans un état

d'enfance, ni aucun des légumes qui commencent à fleurir. Il faut plutôt le regarder comme celui qui dirige et rectifie les opinions faibles, imparfaites et inexactes que les hommes ont des dieux.

Aussi tient-il le doigt posé sur sa bouche : attitude qui est le symbole du silence et de la discrétion. Dans le mois *mésori* [4], en offrant à ce dieu des légumes, ils disent : *Langue, fortune ; langue, génie*.

De toutes les plantes qui croissent en Egypte, le perséa est celle qu'on offre de préférence à ce dieu, parce que son fruit a la forme d'un cœur, et sa feuille celle d'une langue.

Car, de tous les biens que l'homme possède, il n'en est point qui l'approche davantage de la Divinité, et qui contribue plus sûrement à son bonheur que la droite raison, surtout lorsqu'il l'applique à la connaissance des dieux.

Aussi les prêtres recommandent-ils à ceux qui entrent dans le sanctuaire de l'oracle de n'avoir que des pensées pures, de ne prononcer que des paroles décentes.

[69] En effet, n'est-il pas ridicule que ceux qui, dans les fêtes et les cérémonies publiques, ont entendu proclamer à haute voix de parler décemment des dieux, pensent et s'expriment sur leur compte d'une manière indécente ?

Mais ne peut-on pas demander aussi de quelle manière on doit s'acquitter des sacrifices tristes et lugubres, d'où tout mouvement de joie est banni, puisque, d'un côté, il ne faut rien omettre de ce qui est prescrit par ces lois, et que, de l'autre, il n'est pas permis d'altérer les opinions religieuses, ni d'y mêler des imaginations vaines et absurdes ?

Les Grecs observent chez eux, et dans le même temps, plusieurs des cérémonies religieuses que les Egyptiens pratiquent dans leurs fêtes. A Athènes, par exemple, les femmes qui célèbrent les *Thesmophories* jeûnent et se tiennent assises à terre.

Dans la fête nommée *Epachthès* (triste), que les Béotiens ont établie en mémoire de l'affliction de **Cérès** lorsqu'elle eut perdu **Proserpine**, ils portent en cérémonie ce qu'ils appellent la maison de **Cérès Achaia** [5]. Cette fête se célèbre vers le lever des *pléiades*, dans le mois des semailles, que les Egyptiens appellent *athyr*, les Athéniens *pyanepsion*, et les Béotiens *damatrius* [6].

Théopompe raconte que les peuples qui habitent vers le couchant donnent à l'hiver le nom de **Saturne**, à l'été celui de **Vénus**, au printemps celui de **Proserpine**, et que tous les êtres sont des productions de **Saturne** et de **Vénus**.

Les Phrygiens, qui croient que Dieu dort pendant l'hiver et qu'il se réveille l'été, célèbrent, dans ces deux saisons, deux bacchanales, dont la première est appelée *assoupissement*, et la seconde *réveil*. Les Paphlagoniens disent que, durant l'hiver, Dieu est lié et emprisonné, mais que l'été il brise ses liens et reprend son activité.

[70] La saison dans laquelle ces fêtes lugubres se célèbrent donne lieu de soupçonner que leur première institution a eu pour motif les fruits de la terre, qui étaient alors cachés dans son sein, que les anciens, au reste, ne regardaient pas comme des dieux, mais comme des dons précieux de la largesse divine, absolument nécessaires aux hommes, qui, sans cela, auraient mené une vie sauvage et brutale.

Lors donc que, dans cette saison, ils voyaient que non-seulement les fruits spontanés des arbres, mais ceux qu'ils avaient eux-mêmes semés et recueillis, étaient entièrement consumés, ils ouvraient légèrement la terre de leurs propres mains, et lui confiaient de nouveau avec inquiétude une semence qu'ils n'étaient pas certains de voir arriver à sa maturité ; alors ils imitaient beaucoup de choses qui se pratiquent dans le deuil et dans les obsèques des morts.

D'ailleurs, comme on dit de quelqu'un, qu'il a acheté **Platon** lorsqu'il a fait emplette des ouvrages de ce philosophe, qu'un acteur joue Ménandre quand il représente les comédies de ce poète ; de même les anciens ont donné les noms des dieux à leurs productions et aux biens qu'ils tenaient de leur largesse, et ils les ont honorés à cause du besoin qu'ils en avaient.

Dans la suite, leurs descendants, par une ignorance grossière, ont transporté aux dieux mêmes ces accidents de génération et de destruction que les fruits éprouvent lorsqu'ils sont cachés dans le sein de la terre et lorsqu'ils en sortent par la végétation.

Ils ont dit, ils ont même cru que les dieux naissaient et mouraient, et par là ils sont tombés dans les erreurs les plus absurdes et les plus impies. L'évidence de cette absurdité avait frappé **Xénophane** le Colophonien et d'autres philosophes de son école, qui disaient aux Egyptiens que si les êtres qu'ils adoraient étaient des dieux ils ne devaient pas les pleurer, ou que s'ils croyaient devoir les pleurer ils n'étaient pas dieux.

En effet, n'est-il pas ridicule de pleurer pour les fruits de la terre, et en même temps de les prier qu'ils germent et se conduisent eux-mêmes à leur maturité, afin de se voir consumés et pleures de nouveau ?

Les anciens n'étaient pas coupables de cette absurdité ;

ils pleuraient la perte des fruits, et ils priaient les dieux de qui ils les tenaient d'en produire de nouveaux pour remplacer ceux qu'ils avaient consumés.

---

1. Il y a eu dans l'antiquité, plusieurs personnages célèbres de ce nom ; je crois qu'il s'agit ici de celui qui fut surnommé l'Athée, parce que dans un de ses ouvrages intitulé des Dieux, et dans lequel, suivant Diogène Laerce, Epicure puisa beaucoup de choses, il détruisait toute idée de la Divinité.
2. Le premier mois égyptien s'appelait thot, et répondait en grande partie à notre mois d'août et aux premiers jours de septembre.
3. Cette fête se célébrait quelques jours après la pleine lune du mois thot, dont le nom était en égyptien le même que celui de Mercure, à qui on l'avait consacré. C'était la fête du jour de l'an ; on y mangeait du miel et des figues, c'est-a-dire tout ce qu'on avait de plus doux, comme chez les Romains à la fête du nouvel an.
4. Le mois mésori était le dernier de l'année égyptienne ; il commençait, dans les années communes de l'ancienne année alexandrine, le 7 juillet, et finissait le 7 août.
5. C'est un surnom qu'on donnait à Cérès, et qui signifie affligée, trille aussi bien que le nom Epachtés que portait la fête. Le scoliaste d'Aristophane dit que Cérès fut ainsi appelée, soit à cause de sa tristesse, soit à cause du bruit qu'on faisait avec des tambours et des cymbales pendant la recherche de Proserpine.
6. Ce mois répondait à la plus grande partie du mois d'octobre et aux premiers jour de novembre.

CHAPITRE QUINZE

Les philosophes ont donc raison de dire que ceux qui ne comprennent pas bien le sens des mots se trompent sur les choses mêmes.

C'est ce qui est arrivé à ceux d'entre les Grecs qui, s'étant accoutumés à donner le nom des dieux aux statues de bronze ou de marbre, et aux portraits des divinités, au lieu de les appeler simplement leurs images, en sont venus jusqu'à dire que **Lacharès** avait dépouillé **Minerve**, que **Denys** le tyran avait coupé les cheveux d'or d'**Apollon**, que **Jupiter Capitolin** avait péri dans un incendie pendant la guerre civile [1].

L'usage erroné de ces noms les a insensiblement entraînés dans les opinions les plus perverses. On doit faire le même reproche aux Égyptiens par rapport au culte qu'ils rendent aux animaux.

Les Grecs, du moins en cela, pensent et s'expriment d'une manière exacte, lorsqu'ils disent que la colombe est consacrée à **Vénus**, le dragon à **Minerve**, le corbeau à

Apollon, le chien à **Diane**, comme **Euripide** dit en parlant d'**Hécube** :

*Tu deviendras un chien au service d'**Hécate*** [2].

Au contraire, le plus grand nombre des Égyptiens, en respectant les animaux eux-mêmes, en les honorant comme des dieux, n'ont pas seulement rempli leur culte religieux de cérémonies ridicules, ce qui est le moindre mal de cette absurdité, mais ils ont encore donné lieu à une opinion funeste qui a fait tomber les esprits simples et faibles dans la superstition, et a précipité les caractères durs et audacieux dans l'athéisme le plus révoltant.

Je crois donc qu'il ne sera pas hors de propos d'exposer ici ce qu'il y a de vraisemblable sur celle matière.

[72] La première raison qu'on donne à ce culte, que les dieux, par crainte de **Typhon**, se métamorphosèrent en ces divers animaux et se renfermèrent dans des corps de cigognes, de chiens et d'éperviers, cette raison est plus fausse que toutes les fables et que toutes les fictions les plus absurdes.

Il ne faut pas croire davantage que les âmes des morts, qui survivent à leur dépouille terrestre, ne reviennent à une nouvelle vie que dans les corps de ces animaux seuls.

Ceux qui veulent donner à ce culte une origine politique disent qu'**Osiris** ayant une armée très nombreuse, la partagea en différentes bandes que les Grecs appellent cohortes et compagnies, et qu'il donna à chaque bande, pour enseigne, un animal qui devint, pour chaque troupe particulière, l'objet de sa vénération et de son culte.

D'autres veulent que, dans des temps postérieurs, des

rois d'Egypte, pour effrayer les ennemis dans les combats, aient couvert leur armure de figures de bêtes féroces en or et en argent.

Il y en a qui racontent qu'un de leurs rois fin et rusé, voyant que les Égyptiens étaient d'un caractère léger, facilement porté aux séditions et aux révoltes, et que leur grand nombre leur assurerait une résistance invincible lorsqu'ils agiraient de concert, résolut de semer parmi les différentes tribus dont ils étaient composés, en y introduisant la superstition, un germe éternel de discorde.

Il ordonna à chaque tribu d'honorer un animal particulier, du nombre de ceux qui sont naturellement ennemis, et qui, recherchés pour la nourriture par quelques tribus, étaient rejetés par les autres : d'où il arriva que chaque tribu voulant défendre son animal sacré et souffrant impatiemment qu'on le maltraitât, elles se trouvèrent insensiblement avoir épousé les haines mutuelles de ces animaux, et furent engagées les nues contre les autres dans des guerres interminables.

Ainsi, de tous les peuples de l'Egypte, les *Lycopolitains* sont les seuls qui mangent du mouton, à l'imitation du loup, qu'ils honorent comme un dieu. De nos jours, les *Cynopolitains* ayant mangé un oxyrinche, les *Oxyrinchites* prirent des chiens qu'ils immolèrent, et dont ils mangèrent la chair comme celle des victimes. De là naquit une guerre qui fut très sanglante pour ces deux peuples, et que les Romains firent cesser après les avoir sévèrement punis les uns et les autres [3].

[73] Plusieurs auteurs prétendent que l'âme de **Typhon** fut comme divisée dans les corps de ces animaux. Cette fable peut signifier que tous les caractères bruts et

sauvages étant produits par ce mauvais génie, c'est pour l'adoucir et l'apaiser qu'ils respectent et honorent ces divers animaux.

Lorsqu'il survient une chaleur excessive et pernicieuse qui produit ou des épidémies ou d'autres calamités extraordinaires, les prêtres font choix de quelques uns de ces animaux sacrés, et, les emmenant avec le plus grand secret dans un lieu obscur, ils cherchent d'abord à les effrayer par des menaces ; si le mal continue, ils les égorgent et les offrent en sacrifice, soit pour punir le mauvais génie, soit comme une des plus grandes expiations qu'ils puissent faire dans les calamités les plus pressantes.

Bien plus, **Manéthon** rapporte que, dans la ville d'**Idithye** [4], on brûlait vifs des hommes à qui on donnait le nom de *typhoniens*, et dont on passait les cendres dans un crible, pour les disperser ensuite et les jeter au vent.

Ces sortes d'expiations se faisaient publiquement et à un temps marqué; c'était dans les jours *caniculaires*, au lieu que les immolations d'animaux sacrés se font en secret, dans un temps qui n'est point fixé, mais d'après les circonstances, et sans que le peuple en soit instruit.

Il faut en excepter les cas où ils font les funérailles de quelqu'un de ces animaux. Alors ils en prennent un certain nombre des autres espèces qu'ils montrent au peuple ; après quoi ils les jettent, en présence de tout le monde, dans le même tombeau que ceux dont ils font les obsèques, persuadés que par là ils affligent **Typhon** et rabattent la joie qu'il ressent de la mort des animaux sacrés.

Dans cette classe, **Apis**, avec quelques autres, est consacré à **Osiris**, et le plus grand nombre est attribué à **Typhon**. Si cette observation est vraie, je crois que ce que je viens de rapporter a lieu aux funérailles de ces animaux, qui sont honorés en commun par tous les peuples de l'Egypte, comme la cigogne, l'épervier, le *cynocéphale* [5] et **Apis** lui-même, car c'est le nom qu'ils donnent au bouc de **Mendès**.

[74] Il reste pour derniers motifs de ce culte l'utilité de ces animaux et leur rapport symbolique. Quelques uns ont l'un ou l'autre de ces caractères ; plusieurs ont les deux.

Le bœuf, par exemple, la brebis et l'ichneumon ont évidemment été honorés à cause de leur utilité et du service qu'on en tire. C'est par un semblable motif que ceux de **Lemnos** honorent l'alouette, qui déterre les œufs de sauterelles et les casse ; que les Thessaliens révèrent les cigognes, parce qu'elles firent périr une multitude de serpents qui étaient sortis tout à coup du sein de la terre. Aussi ont-ils fait une loi qui condamne au bannissement tout homme qui aura tué une cigogne.

Les Égyptiens adorent l'aspic, la belette, le scarabée, parce qu'ils croient voir dans ces animaux des traits obscurs de ressemblance avec la puissance divine, comme l'image du soleil se peint dans des gouttes d'eau.

Bien des gens croient encore que la belette conçoit par l'oreille et enfante par la bouche, ce qui, disent-ils, représente la formation du discours. Ils prétendent que l'espèce des scarabées n'a point de femelle ; que, pour se reproduire, les mâles déposent leur semence dans du fumier, dont ils forment une boule qu'ils poussent avec les pieds de derrière tandis qu'ils marchent eux-mêmes en avant, imitant en cela le cours du soleil, qui, allant d'occident en orient, semble suivre une direction contraire à celle du ciel.

Ils ont comparé l'aspic à un astre, parce que cet animal

ne vieillit point, et que, privé des organes du mouvement, il se meut avec la plus grande facilité.

[75] Le culte qu'on rend au crocodile même n'est pas sans un motif plausible. On lui a trouvé de la ressemblance avec Dieu en ce qu'il est le seul animal qui n'ait point de langue ; car la raison divine n'a pas besoin de parole pour se manifester :

> *Par l'équité conduite, elle marche sans voix,*
> *Et l'univers entier est régi par ses lois.*

Une autre propriété du crocodile, c'est que, de tous les animaux qui vivent dans l'eau, il est le seul dont les yeux soient couverts d'une membrane légère et transparente qui prend sa naissance au front, de manière qu'il peut voir sans être aperçu ; et en cela il ressemble au premier des dieux.

Une circonstance remarquable , c'est que le lieu où la femelle de cet animal dépose ses œufs est toujours le terme de l'inondation du Nil. Comme elle ne peut pas les pondre dans l'eau, et que cependant elle ne veut pas en être éloignée, elle a un pressentiment si certain de l'avenir, qu'elle se met assez près du lieu où finira le débordement, pour être à portée du fleuve pendant qu'elle couvera, et conserver cependant ses œufs secs et à l'abri de l'inondation.

Elle en pond soixante qu'elle couve le même nombre de jours, et la plus longue vie des crocodiles est de soixante ans. Or, le nombre soixante est le premier que les astronomes emploient dans leurs mesures.

Nous avons déjà parlé du chien, dont le culte est fondé sur le double motif de l'unité et de l'allégorie.

L'ibis, qui détruit les reptiles venimeux, nous a d'ailleurs enseigné le premier l'usage des lavements, qu'il emploie lui-même pour se purger. Les prêtres égyptiens, qui observent avec le plus d'exactitude leurs rites religieux, prennent pour se purifier de l'eau dont l'ibis a bu ; car cet oiseau ne boit jamais d'eau corrompue ou malsaine ; il n'en approche même pas. De plus, l'écartement de ses pieds forme avec son bec un triangle équilatéral. Enfin le mélange de ses plumes noires et blanches représente la lune dans son décours.

Au reste, il ne faut pas s'étonner que les Egyptiens se soient si fort attachés à ces traits de ressemblance avec la Divinité, tout faibles qu'ils sont ; les Grecs eux-mêmes en ont souvent attribué de semblables aux statues et aux images de leurs dieux. Par exemple, il y a en Crète une statue de **Jupiter** qui n'a point d'oreilles, pour faire entendre que le maître et le souverain de tous les hommes ne doit en écouter aucun en particulier.

Phidias a placé un dragon aux pieds de la statue de **Minerve**, et une tortue à ceux de la **Vénus** d'**Elide**, pour signifier que les filles ont besoin d'être gardées, et que les femmes mariées doivent être sédentaires et garder le silence. Le trident de **Neptune** est le symbole de la troisième région que la mer occupe, après le ciel et l'air ; c'est aussi de là que viennent les noms *d'Amphitrite* et des Tritons.

Les pythagoriciens ont donné aux nombres et aux figures géométriques les dénominations des dieux. Le triangle équilatéral est appelé **Minerve**, née du cerveau de **Jupiter**, et *Tritogénie*, parce que ce triangle peut être divisé également par trois perpendiculaires tirées de ses trois angles.

L'unité est **Apollon**, parce qu'elle est le symbole de la persuasion et de la candeur ; la dyade a les noms de *discorde* et d'*audace*, et le nombre trois, celui de *justice* ; car entre l'injustice commise et l'injustice reçue, qui sont les deux excès opposés, la Justice tient le milieu et établit l'égalité.

Le quaternaire, ce nombre mystérieux formé des trente-six unités, et qui, comme on sait, est leur serment le plus sacré, porte le nom de *monde* : il est composé des quatre premiers nombres pairs et des quatre premiers impairs adoptés ensemble.

---

1. Lacharés, qui s'était emparé de la souveraineté d'Athènes environ trois cent cinquante ans avant Jésus-Christ, enleva le manteau d'or dont Périclès avait fait couvrir la statue de Minerve. Denys le tyran fit couper à une statue d'Apollon sa barbe d'or, disant, à l'occasion d'une statue de Jupiter qui n'avait point de barbe, qu'il n'était pas naturel que le fils en eût tandis que le père n'en avait pas. L'incendie dont parle ici Plutarque est, je crois, celui qui arriva vers l'an 671 de Rome, dans lequel le Capitole fut brûlé. Le soupçon en tomba sur Carbon, ou sur les consuls, ou même sur Sylla ; c'était dans la première guerre civile.
2. Diane et Hécate étaient, comme ou voit, une même déesse.
3. Les Cynopolilains adoraient le chien dont leur ville portait le nom, et l'oxyrinche était le brochet, qui avait donné le sien aux Oxyrinchites.
4. Strabon, liv. XVII, page 847, nomme cette ville Ilithye, ou ville de Diane.
5. Le cynocéphale est un animal ressemblant au singe, mais plus grand et plus fort, d'un caractère plus farouche, et dont le museau approche plus de celui d'un chien, comme l'indique son nom de tête de chien.

CHAPITRE SEIZE

Si donc les philosophes les plus estimables n'ont pas cru devoir mépriser les plus faibles symboles de la Divinité, même dans les substances inanimées, à plus forte raison ne devons-nous pas négliger ces traits de ressemblance dans les êtres animés et sensibles, capables de passions et d'affections morales.

Il faut donc approuver, non ceux qui honorent ces animaux pour eux-mêmes, mais ceux qui, les regardant comme les miroirs les plus naturels et les plus fidèles où se peignent les perfections divines comme des instruments du dieu suprême qui travaille sans cesse à embellir cet univers, adorent en eux la Divinité elle-même.

En effet, les substances inanimées et insensibles ne peuvent être d'une nature supérieure aux êtres animés et sensibles, quand même on rassemblerait tout ce qu'il y a d'or et de pierres précieuses dans le monde. Ce n'est ni dans la beauté des couleurs, ni dans l'élégance des formes, ni dans le poli des surfaces que la Divinité réside.

Je dis plus : les êtres qui n'ont jamais vécu, qui n'ont pas même eu la faculté de vivre, sont d'une condition inférieure à celle des morts.

Une substance qui vit, qui voit, qui a en elle-même le principe de son mouvement, qui peut discerner ce qui lui convient et ce qui ne lui convient pas, a reçu une portion et comme un écoulement de cette Providence qui, selon l'expression d'**Héraclite**, gouverne l'univers.

La Divinité n'est donc pas moins sensible dans les substances de ce genre que dans les ouvrages d'airain ou de marbre, qui sont également sujets à l'affaiblissement et à la corruption, et que la nature a privés de toute espèce de sens et d'intelligence. Voilà, selon moi, ce qu'on peut dire de plus raisonnable sur le culte des animaux.

[77] Les vêtements d'**Isis** sont de différentes couleurs, parce que son pouvoir s'exerce sur la matière, qui est susceptible de prendre toutes sortes de formes, de recevoir toutes les substances, la lumière, les ténèbres, le jour, la nuit, le feu, l'eau, la vie, la mort, le commencement et la fin.

La robe d'**Osiris** n'a ni ombre ni variété : comme il est le premier principe, l'être pur et intelligible, il doit être toujours simple, toujours lumineux et sans aucun mélange. Aussi, après que ce vêtement a été exposé une seule fois sur la statue de ce dieu, il est serré et enfermé avec soin ; on ne peut plus ni le voir ni le toucher.

Mais on fait souvent paraître les robes d'**Isis**, car les choses matérielles sont sous la main de tout le inonde pour en faire l'usage qu'on veut, et les changements divers qu'elles subissent les présentent sous des formes multipliées.

Mais la perception de l'être pur, saint et intelligible est comme un éclair rapide qui frappe un instant notre âme et ne lui laisse apercevoir et saisir qu'une seule fois.

Aussi **Platon** et **Aristote** donnent-ils à cette partie de la philosophie le nom d'*Epoptique* [1]. C'est par son moyen que ceux que la droite raison élève au-dessus de ce mélange confus d'opinions de toutes espèces, s'élancent jusqu'à ce premier être dont l'essence est simple et immatérielle, et que, saisissant la vérité toute pure, ils parviennent au plus haut point de perfection où la philosophie puisse conduire.

[78] Il est un point de doctrine dont les prêtres ont aujourd'hui une espèce d'horreur, et qu'ils ne communiquent qu'avec une extrême discrétion : c'est celui qui enseigne qu'**Osiris** règne sur les morts et qu'il est le même que l'**Adès**, ou le **Pluton** des Grecs.

Cette disposition, dont le vulgaire ne connaît pas le véritable motif, jette bien des gens dans le trouble, et leur fait croire qu'**Osiris**, ce dieu si saint et si pur [2], habite réellement dans le sein de la terre et au séjour des morts.

Mais, au contraire, il est aussi éloigné de la terre qu'il soit possible ; toujours pur et sans tache, il n'a aucune espèce de communication avec les substances qui sont sujettes à la corruption et à la mort.

Les âmes humaines, tant qu'elles sont unies aux corps et soumises aux passions, ne peuvent avoir de participation avec Dieu que par les faibles images que la philosophie en retrace à leur intelligence, et qui ressemblent à des songes obscurs. Mais lorsque, dégagées de leurs liens terrestres, elles sont passées dans ce séjour pur, saint et invisible qui n'est exposé à aucune révolution, alors ce dieu devient leur chef et leur roi : elles sont fixées en lui, et contemplent cette beauté ineffable dont elles ne peuvent se rassasier, et qui excite sans cesse en elles de nouveaux désirs.

C'est cette beauté dont on voit, dans l'ancienne Fable, **Isis**, toujours éprise, la poursuivre, s'attacher intimement à elle, et, par un effet de cette union, communiquer aux êtres qu'elle produit toutes sortes de biens précieux. Voilà les interprétations les plus convenables à la nature des dieux qu'on puisse donner de ces pratiques.

[79] Maintenant il ne me reste plus, pour acquitter ma promesse , que de parler des parfums qu'on offre tous les jours à ces deux divinités.

Une première observation à faire à cet égard, c'est, que les Egyptiens ont toujours observé avec le plus grand soin tout ce qui peut contribuer à la santé, et que, surtout dans leurs purifications, dans leur régime journalier, ils n'ont pas eu moins en vue la salubrité que la sainteté.

Ils pensaient qu'un être infiniment pur et inaccessible à toute souillure ne pouvait être dignement honoré par des ministres qui auraient eu quelque infirmité ou quelque vice, soit dans l'âme soit dans le corps.

Ainsi, comme l'air que nous respirons et au milieu duquel nous vivons n'a pas toujours les mêmes qualités ni la même température ; que la nuit il se condense, presse plus fortement les corps, et fait éprouver à l'âme une sorte de tristesse et d'anxiété qui obscurcit ses idées et appesantit ses facultés, les prêtres, dès qu'ils sont levés, brûlent de la résine en l'honneur de leurs dieux, afin de renouveler et de purifier l'air des vapeurs hétérogènes qui le chargent ; de redonner de la vigueur à l'âme, qui, intimement unie au corps, en a partagé la langueur : car l'odeur de la résine a la faculté de ranimer les sensations et de leur donner plus d'activité.

A l'heure de midi, où le soleil attire du sein de la terre, par la violence de ses rayons, des vapeurs épaisses et pesantes qui se répandent dans l'air, ils font brûler de la myrrhe. Ils savent que la chaleur dissout et dissipe ces exhalaisons grossières qui se condensent dans l'atmosphère ; aussi les médecins, dans les maladies épidémiques, regardent-ils comme un remède efficace de faire allumer de grands feux, dont la flamme divise et atténue l'air; et cet effet est encore plus actif lorsqu'on fait brûler des bois odoriférants, tels que le cyprès, le genévrier et le pin.

Le médecin **Acron** s'acquit à **Athènes** une grande gloire lors de cette peste qui désola l'Attique [3], en faisant 398 allumer des feux auprès des malades, dont il guérit par ce moyen un assez grand nombre.

Aristote dit que l'odeur agréable qui s'exhale des parfums, des fleurs et des prairies, ne contribue pas moins à la santé qu'au plaisir ; la chaleur que ces exhalaisons contiennent procure un doux relâchement au cerveau, qui, naturellement froid, est disposé à s'épaissir.

Une autre preuve du motif de cet usage, c'est que les Egyptiens donnent à la myrrhe le nom de *bal*, lequel signifie dissipation de la mélancolie [4].

[80] Le *kyphi* est un parfum composé de seize ingrédients, de miel, de vin, de raisins secs, de souciet, de résine, de myrrhe, d'aspalathe, de seseli, de jonc odoriférant, d'asphalte, de feuilles de figuier, d'oseille, des deux espèces de genièvre, le grand et le petit, de cardamome et de roseau aromatique.

Ces ingrédients ne sont pas mêlés au hasard, mais dans

une proportion prescrite par les livres sacrés, qu'on lit à mesure à ceux qui sont chargés de composer ce parfum.

Quant au nombre de seize, quoique ce soit un tétragone formé d'un autre, et que cette figure soit la seule qui, ayant ses côtés parfaitement égaux, ait aussi son périmètre égal à son aire, cette propriété contribue pour bien peu de chose dans l'effet salutaire des parfums.

Comme la plupart de ces ingrédients ont une vertu aromatique, il s'en exhale une vapeur douce et active qui change la disposition de l'air, s'insinue dans le corps, donne à ses sens un mouvement convenable et l'invite agréablement au repos, lui procure des affections tranquilles, et, sans lui causer aucune ivresse, relâche et détend les impressions trop vives que lui ont fait éprouver les soins et les soucis de la journée, qui, comme autant de liens, captivent ses facultés.

Ce n'est pas tout : ces exhalaisons agissent puissamment sur l'imagination, le siège des songes, et, comme une glace bien polie, la rendent plus claire et plus pure ; ils ne sont pas moins efficaces que les sons de la lyre, auxquels les pythagoriciens avaient coutume de s'endormir pour charmer, pour adoucir par ce moyen la partie raisonnable de l'âme, sujette au trouble des passions.

Souvent les odeurs font revenir de l'évanouissement ; souvent aussi elles émoussent et endorment les sens par les vapeurs subtiles qu'elles répandent dans les corps ; aussi quelques médecins prétendent-ils que nous tombons dans le sommeil lorsque les vapeurs des aliments se glissent légèrement dans les parties intérieures du bas-ventre et y produisent une espèce de chatouillement.

Or, les Egyptiens font usage du *kyphi*, et comme boisson et comme remède : c'est un émollient qui relâche et tient le ventre libre, et sans cela la résine et la myrrhe sont l'ouvrage du soleil, dont la chaleur exprime les sucs des plantes qui les contiennent et les leur fait répandre en larmes.

Mais des ingrédients qui composent le *kyphi*, il y en a à qui la nuit convient mieux, parce que ces plantes sont alimentées par la fraîcheur de l'ombre, par l'humidité et la rosée. D'ailleurs, la lumière du jour est une et simple ; et **Pindare** dit du soleil,

Qu'il traverse des cieux les immenses déserts.

Au contraire, l'air de la nuit est, en quelque sorte, composé de plusieurs lumières différentes qui, comme autant de ruisseaux, partent de chaque étoile et se réunissent dans l'atmosphère.

Ce n'est donc pas sans raison que le jour ils brûlent les deux premiers parfums, comme simples de leur nature et formés par le soleil, et qu'à l'entrée de la nuit ils emploient le *kyphi*, qui est composé de plusieurs ingrédients dont les propriétés sont très différentes.

---

1. C'est-à-dire intuitive. L'Épopte, la dernière cérémonie de l'initiation aux mystères, était celle où l'on passait des ténèbres à la lumière, à la vue claire des objets dont la connaissance était le terme de cette initiation.
2. Plutarque fait ici allusion à son étymologie grecque du nom d'Osiris, qu'il dérive de deux mois qui signifient saint et sacré, comme on l'a déjà vu.

3. Acron, né à Agrigente en Sicile, exerça sa profession à Athènes, ce qui le fit passer pour Athénien. Il vivait avant Hippocrate ; et Pline, liv. XXIX, ch. i, dit qu'il fut le chef de la secte des empiriques.
4. Suivant M. Gébelin, Hist. du Cal., p. 481, c'est un fait incontestable que dans tout l'Orient le soleil s'appelait Bal ou Bel, et c'était la divinité suprême de tous les peuples dont la religion était le sabéisme ou le culte du soleil.

Copyright © 2020 par FV Éditions
Couverture : Osiris, Isis et Horus: Pendentif au nom du roi Osorkon II :
la famille du dieu Osiris (Musée du Louvre, Paris)
ISBN - Ebook : 979-10-299-0862-0
ISBN - Couverture souple : 9798630979483
ISBN - Couverture rigide : 979-10-299-0863-7
Tous Droits Réservés

www.ingramcontent.com/pod-product-compliance
Lightning Source LLC
LaVergne TN
LVHW042246070526
838201LV00089B/42